高情商说话，就让人喜欢

赵洁◎主编

美 黑龙江美术出版社

图书在版编目（CIP）数据

高情商说话，就让人喜欢 / 赵洁主编 . -- 哈尔滨：
黑龙江美术出版社，2019.5
ISBN 978-7-5593-4934-7

Ⅰ . ①高… Ⅱ . ①赵… Ⅲ . ①心理交往－语言艺术－
通俗读物 Ⅳ . ① C912.13-49

中国版本图书馆 CIP 数据核字（2019）第 090397 号

书　　名 / 高情商说话，就让人喜欢
　　　　　GAO QINGSHANG SHUOHUA JIU RANGREN XIHUAN
主　　编 / 赵　洁
责任编辑 / 李文博
出版发行 / 黑龙江美术出版社
地　　址 / 哈尔滨市道里区安定街 225 号
邮政编码 / 150016
发行电话 /（0451）84270524
网　　址 / www.hljmscbs.com
经　　销 / 全国新华书店
印　　刷 / 永清县晔盛亚胶印有限公司
开　　本 / 880mm×1168mm　　1 / 32
印　　张 / 7
版　　次 / 2019 年 6 月第 1 版
印　　次 / 2019 年 6 月第 1 次印刷
书　　号 / ISBN 978-7-5593-4934-7
定　　价 / 32.80 元

前　言

　　世人常说"一个人成功与否，20%看智商，80%看情商""高智商驭物，高情商驭人"，这两句话充分说明了高情商对一个人的成长有着至关重要的作用和意义。

　　高情商是一种能力，是一种创造，同样也是一种技巧。高情商的技巧有规律可循，是能够通过不断地学习来掌握的。在日常生活中，只要我们掌握这些技巧，在生活中勤加练习，多点勇气，多点机智，多点磨练，多点感情投资，我们就能成为"情商高手"，营造一个有利于自己生存的宽松环境，建立一个属于自己的交际圈，创造一个更能发挥自己才能的空间。

　　高情商的人尊重所有人的人权和人格尊严，不会将自己的价值观强加于他人；对自己有清醒的认识，自信而不自满，能承受压力；人际关系良好，和朋友或同事能友好相处；善于处理生活中遇到的各方面的问题，认真对待每一件事情。

　　学习并掌握高情商的技巧，是一条攀登人生高峰的捷径，能够让我们在人际交往过程中轻松获得别人的喜欢，在成功的道路上事半功倍。

目　录

| 第一章 |

高情商口才拓展人际关系

不吝啬自己的情感，就可以收获不错的人际关系

人际关系的好坏，很大程度上取决于其自身。做一个让别人喜欢的人，你的人际关系也会随之变得非常融洽。

有一个流传很久的故事是这样的：从前有一个小男孩，经常一个人跑到山里玩。时间一长他就发现，每次他在说话时总会有一个若有若无的声音在应和。小男孩很好奇，于是他对着大山喊道："你是谁？"对面传来同样的声音："你是谁？"小男孩又说："你叫什么名字？"山那边也传来："你叫什么名字？"无论小男孩说什么话，对方都是以同样的话作为回答。碰到这样一个"模仿"自己的人，小男孩觉得很愤怒，于是他大喊道："你真讨厌，你出来，我要捉住你。"结果对面也凶巴巴地说道："你真讨厌，你出来，我要捉住你。"小男孩很害怕，哭着跑回了家。

他把在山中的经历告诉了妈妈。妈妈听后微笑着对他说："你可以试试去和他交朋友啊。"听了妈妈的话，男孩又跑进大山里，对着山的那边喊道："对不起！"对方也回了一个"对不起"，小男孩又说道："我们交朋友吧。"对方也说："我们交朋友吧。"这次，小男孩高兴极了。山那边的"人"终于开始对自己友好了。

同样，生活中我们与之打交道的人就像是故事中的"回音"一样，他的反应在很大程度上取决于你是否是一个让人喜欢并且友善的人。

做一个让别人喜欢的人，首先我们可以从表情做起。俗话说

"相由心生"，一个人内心的真实情感会直接表现在他的面部表情上，而对方也很容易通过面部表情来判断出我们内心的真实想法。

在一个宴会中，一位刚刚获得遗产的妇人想让别人都认识自己。为了给大家留下一个深刻的印象，她花费了很多钱，置办了名贵的大衣和珠宝等，但是一场宴会下来，除了刚开始有几个熟悉的人和她打招呼外，其他人似乎都不怎么愿意搭理她。因为，只要人们稍加留意就会发现，这个妇人的表情冷冷的，除了会对她想要结交的人露出谄媚的笑容之外，其他时候都是一副尖酸挑剔的表情，这让人们看到了她内心的自私。没有一个人愿意和这样的人做朋友。这位妇人恐怕至今也不会明白，一个人的修养比他身上所有的衣服更加重要。

在众多表情中，最招人喜欢的要数笑容。曾经有人说：动人的微笑价值百万。虽然微笑的价值不能用金钱来衡量，但是在现实生活中我们却无时无刻不在感受微笑的魅力。

拥挤的候诊室中，人们不耐烦地等待，疾病引发的痛苦让空气中充满了沉闷、不安的气息，迈克也是其中的一员。他不停地看着手表，诅咒着这该死的天气，同时也痛恨自己为什么要在这个时候生病。看着周围拥挤的人群，他的病痛好像更加难忍了。

迈克处在焦灼不安中，他没有注意到一位女士坐到了他的旁边。百无聊赖中，迈克开始不停地向四周张望。突然，一张纯真的笑脸映入迈克的眼帘。迈克注意到这张笑脸是来自他旁边那位女士怀中的婴儿。迈克被这张纯真的笑脸感染了，他也向这名婴儿露出微笑。后来那位女士也开始向迈克微笑，他们慢慢地开始低声交谈。不一会儿，整个候诊室的气氛全变了，人们似乎已经忘记了各自身上的病痛，开始互相关心和问候起来。时间就在这样的脉脉温情中很快过去了。谁也不知道这中间究竟发生了什么，是什么改变了候诊室的气氛，迈克也说不清楚。但是，他知道改变自己心情的是那个婴儿的微笑。

这样的事情你会不会觉得很熟悉？微笑的作用就是这么神奇，它不仅令自己愉悦，也能令别人愉悦。微笑是心境平和的一种情绪表达，这种情绪乐观、积极，充满自信，吸引着人们去靠近；同时，微笑也表达出一种友善的情感，是对对方的一种无声的认同和赞赏。它可以快速拉近人们彼此之间的心理距离。拿破仑曾经这样总结微笑的力量："真诚的微笑，其效用如同神奇的按钮，能立即接通他人友善的感情，因为它在告诉对方：我喜欢你，我愿意做你的朋友。同时也在说：我认为你也会喜欢我的。"

但是，微笑有一个前提，那就是一定要发自内心。只有发自内心的微笑，才能表里如一，具有感染他人和打动人心的力量，成为真正的社交通行证。

其次，做一个让别人喜欢的人，要学会真诚地去关爱别人。

爱是一种情感，也是一种需要，人人都希望得到别人的关爱，关爱别人的人也更容易赢得人们的喜爱。荷马·克洛维是一个作家，但是他的人际关系比他的作品还要出名。据说，任何与他交往的人，不管是百万富翁还是老幼妇孺，都能够在十五分钟内对他产生好感。他没有英俊的相貌，也没有过人的才华，但是却拥有如此吸引人的魅力，原因只有一个：他从不矫揉造作，总是能让别人感受到他发自内心的喜欢和关爱。

每次他遇到一个陌生人，都不会关心对方是什么人、做什么事，对于他来说只要是一个人，就是值得关心和爱护的。他总是热心地询问别人家是哪里的，家里有什么人，最近过得怎么样，等等。如果对方不愿意说，他也不会唠唠叨叨地强迫别人，只会真诚地表现出自己的兴趣和关心。遇到心情不好的人他会耐心开解，遇到陷入困境的人他会热情地施以援手。他从不过多谈论自己，总是尽量谈对方的事情，在他们的交谈中，对方感受最多的就是来自荷马·克洛维的关心和尊重。荷马·克洛维的这种品质不仅为他赢得了许多朋友，家里人也十分敬爱他。他的妻子、女儿，还有好几个孙女，甚至是生活在他周围的人，全都非常喜欢他，对他赞不绝口。

世界上著名的人际关系大师卡耐基也说过：待人诚恳、热爱人类的人将倍受欢迎。因为觉得被人爱的感觉比其他任何东西都更能提高人的热情。

人际关系中最大的障碍来自人们内心的自我保护，这种自我保护是出于安全的心理需要，而被爱的感觉却能够增强人的归属感，进而增强人的安全感。在人的安全感得到满足的情况下，由于自我保护所产生的戒备心理就会放松，这时人们便会主动进入人际关系的良性发展轨道中。在这个过程中，谁先迈出第一步是很重要的。一般来说，主动做出表达爱的行为，给对方被爱的感觉的人都是勇敢的，因为他敢于主动卸下自己的铠甲，用诚实、温暖的态度去接纳他人，这样的人很容易让对方感受到自己的善意。这时，无论是出于归属感的需要还是感动，对方的内心都很容易被打动。这也是为什么真诚爱人的人更容易得到别人喜欢的原因。

值得注意的是，爱不是挂在嘴边的甜言蜜语，也不是偶尔表现出的主动热情，而是一种长期的、由里及表的实质行动。爱人没有捷径，只有长期的坚持不懈、主动施予，才能真正打动对方。

做一个让人喜欢的人，其实是做一个喜欢别人的人。无论是真诚的微笑，还是贴心的关爱，表达的都是我们发自内心的对他人的喜欢。心理学的"喜欢"原则告诉我们：人们总是愿意接近对自己有好感的人。因此，不要吝啬自己的情感，大方地对周围的人表达自己的喜欢和善意，一定可以收获一份不错的人际关系。

随机应变，维持人际关系的和谐

在人际关系中，人人都希望可以左右逢源，但却很排斥"圆滑"。而最理想的境界莫过于"外圆内方"。处事"外圆内方"，在人际关系中就可以如鱼得水，心想事成。

"外圆内方"的道理，很多人都听说过，似乎也明白它的意思。究其实质，它指的是一种做人的艺术，是指一个人表面上很随和，但是内心却方正，有自己的原则和底线。具体到实际生活中，它指的是人们在处理纷繁的人际关系时要懂得灵活变通，在不牵涉大是大非和违反自己内心原则的情况下，随机应变，最大限度地维持人际关系的和谐。

清末有位叫陈树屏的人在江夏做知县时，恰逢张之洞任湖北总督。张之洞和当时的抚君谭继洵关系不和，两人经常不分场合地针锋相对。一次，陈树屏在黄鹤楼宴请两位，当他们在席间谈到江面宽窄时，张之洞说是七里，谭继洵却非说是五里。两人争执不下，谁也不愿意在对方面前退让。陈树屏谁也不敢得罪，但也不能让他们一直争执下去。想了一会儿，陈树屏说话了。他言辞恳切地说道："两位大人都没错，江面涨时就宽到七里，落潮时便变为五里。"两人本就是为了给对方难堪而胡说八道，这时陈树屏的一句话为双方都找到了台阶，他们也就顺势结束了争论，弥漫在席间的硝烟尽散。

人生处世本就有"直"和"曲"之分，直来直去、本性流露固然是尊重真相，但是在某些情况下却容易得罪别人，给自己带来不必要的麻烦。如上文故事中的知县陈树屏，他明知道江面既非五里宽，也非七里宽，但是假如他将这个事实当众说出来，不仅不能为两位大人解围，同时也势必将自己带入是非当中。在这里，面对"江面宽度"这个无关大局和原则的事情，知县的选择和处理无疑是正确的。

其实在生活中的大多数时候，一个人想要做到"外圆内方"并不是那么难，难就难在坚持时时、事事做到"外圆内方"。而要做到这一点，则必须对"外圆内方"有一个全面、深刻的了解。

唐朝名相李泌幼时就有"神童"之称，七岁那年，他应召入宫。当时，唐玄宗和魏国公正在下棋，唐玄宗想试试李泌的才能，便示意魏国公考考他。魏国公以棋为题："方，好比是棋局；圆，好比是棋子；动，犹如使棋活了；静，就是棋死了。你能用方、圆、动、静四字来比喻弈棋的道理吗？"年幼的李泌稍加思索，脱口吟道："方如行义，圆如用智；动如呈才，静如遂意。"此言一出，唐玄宗和魏国公无不诧异。古人常说"人生如博弈"，李泌不仅道出了弈棋的道理，也道出了做人的真义，更是"外圆内方"处事原则意蕴的最佳注解。

"方如行义"道出了为人处事的自足之本。要做到"外圆内方"，功夫首先要花在"内方"上，"内"指的是一个人的人格、灵魂。所谓"内方"，就是要做到人格独立、内心正直。只有这样，一个人才具有了立世之本，才能"方"得有理。"方如行义"，一个人要做到"内方"，必须胸怀大义。这个大义是指一个人对国家和民族的满腔热情，对自己所从事事业的忠诚和热爱以及对真理百折不挠的追求。这个大义是每个人为人处事的心理底线和原则，违反了这个原则就谈不上"内方"。而一个人只有坚守住自己内心的原则，才能够在面对问题时不左右逢迎、颠倒黑白、随波逐流；面对错误的思想和行为敢于挺身而出，勇敢面对，做一个正直的人。

在做好了"内方"的基础上，我们也要注意做好"外圆"。这里所讲的"圆"，并不是精于世故、老谋深算，而是一种高超的处世艺术。正所谓"圆如用智"，"圆"讲究的是张弛有度，把握分寸；"圆"倡导一种豁达、一种大度、一种宽厚、一种善解人意、一种与人为善。在为人处事中，要力争达到"和谐圆满"的境界。遇到事情，要充分发挥自己的智慧，在交往中学会把握自己的情感、驾驭自己的意志、以开阔的心胸处事。时刻以"与人为善"作为自己交际的原则，尽量少和别人发生分歧，产生矛盾。真正遇到麻烦时，要本着"大事化小，小事化无"的态度去友好、宽容地对待，处理事情要讲究方式方法，把原则性和灵活性结合起来，这样才能春风化雨，实现人际关系的和谐。

"外圆内方"不仅是一种处事的原则，还是构建和谐人际关系的一个准则。在实际的运用中我们要力求将"外圆"和"内方"结合起来。八面玲珑，只圆不方，做人未免圆滑。这样的人虽不与别人冲突，但是也很难走进别人的心中，所谓的人际关系融洽不过是一种表象；棱角分明，只方不圆，做人太过死板，这样不仅容易伤害别人，最终还会伤害到自己。这样的人虽然更真实，但是却让人难以靠近。只有处理好了两者的关系，做到大事讲原则、小事讲风格，待人真诚，以理服人，以情感人，热心助人，厚德容人，才是真正的"外圆内方"。

不仅数千年以来的中国文化如此，古希腊哲学家亚里士多德同样提出人应该具有四种美德：谨慎、公正、勇敢、克制。他认为公正与勇敢是一个人的内心需要具备的品质，类似于我们所说的"内方"。但是"谨慎"和"克制"则是指处理事情时需要具备的素质。"勇敢"如果没有"谨慎"和"克制"相伴，也可能变成莽撞；不计后果的公正也可能为自己招致祸害。因此，亚里士多德还特别指出：做正确的事情也不能莽撞行事，过多的勇气其实就是不计后果。在许多情况下，是非对错不是像我们所想的那么简单，做到心中明了即可。在实际的处理中要谨慎从事，妙语化解，找到勇敢行为和谨慎克制的最佳平衡点，这才是一个高明的人。

值得我们注意的是，在许多时候要做到"外圆"，就不得不在一定程度上进行妥协。但是这种妥协并不是耻辱，也无须感慨无奈。我们每个人的心中都有自己的是非曲直，这些很大程度是建立在自身的利益基础上的，但是每个人都是一样的，你不妥协是因为不想损害自身的利益，而他人亦如此。因此一定程度上的妥协是一种利益的让步，意味着我们的内心将对方的利益看得和自身利益一样重要，这是一种对他人的尊重。在讲究平等的现代社会，只有尊重他人才可能获得他人的尊重。

从掌控情绪入手，培养情商和社交商

尽管"情商"一词已经进入中国多年，但真正被重视却是近几年的事情，更不用说"社交商"了。许多人也许还未真正听说过"社交商"一词。那么，"情商"和"社交商"，它们真的存在吗？

从我们的生活经历来看，"智商"在国人的观念中有着根深蒂固的影响。回顾学生时代，尤其是中小学阶段，那些学习成绩好的学生不仅会得到老师的青睐、同学们的羡慕，还可以让家长觉得很自豪。邻居的一句"你家孩子真聪明啊"会让父母从心底觉得开心和安慰，这时的聪明和成绩好都是对一个人智商的肯定，家长和老师也普遍重视学生的智商培养。但是，这句"聪明"的含义在当年的孩子们成年之后却发生了改变。如今，假如我们对一个成年人作出"聪明"的评价，则更多的是指一个人的为人处事，也就是交际能力。换句话说，这种聪明更多的时候指的是一个人的"情商"和"社交商"比较高。

我们中的许多人都应该看过《阿甘正传》，那是一部风靡全球的美国大片，上映之后的若干年里，阿甘几乎成了一位励志偶像，尤其是对于那些从小就被别人定义为"差生""脑瓜不聪明"的人来说。影片的主人公阿甘是一位智商只有75的人，这样的低智商让他即便是进入小学都显得困难重重，但就是这样一个被别人认为是傻里傻气的人，最终却成了一个非常成功的人物。而周遭那些比他聪明的同学、战友却活得并不成功。

那些从小成绩就好，被老师、家长们赞为"聪明"的孩子，长大后真的就与众不同了吗？大多数也只是"泯然众人矣"，相反，从小不被大家看好，甚至经常遭到嘲笑的差生却也有出人头地者，最后令人跌破眼镜的是当年的"夫子"，那些一心埋头读书、两耳不闻窗外事的学生，往往无法适应社会，走出校门后举步维艰。

于是，就在《阿甘正传》播出的同一年，美国心理学博士丹尼尔·戈尔曼出版了《情商》一书，这本书不仅奠定了戈尔曼博士在心理学界的重要地位，同时也掀起了一场反对"智商暴政"的风潮。一个"智商决定成功"的神话被打破了，取而代之的是新的公式：成功 = 20% 的智商 + 80% 的情商。随着 2006 年戈尔曼的《社交商》一书中研究成果的公布，除了智商和情商外，社交商也成为影响人类行为的一个重要因素。

现在，我们来正式认识一下所谓的情商和社交商。情商和社交商是相对于智商而言的。智商是指人类把握世界（环境和人）的多方面的信息，并作出恰当的反应，以获得幸福和快乐的能力。我们习惯性地以理性和量化的方式来衡量人类把握世界的能力，它的有效性依赖于特定的情境，比如考试或者测试。这种方式将人的思维变得单一化，忽略了现实世界的复杂性和人智力的其他维度，如情感因素、社交因素。因为人毕竟不是机器，人脑也不能像电脑一样不受任何自身情绪和外界环境的影响。

针对以上的不足，心理学家又提出了"情商"和"社交商"概念。情商，简称 EQ，主要是指人在情绪、情感、意志、忍耐挫折等方面的品质；社交商，也称社交能力，它可以分为社交意识（我们对他人的感知）、社交技能（我们的后续行为），它的产生主要依赖于大脑中负责交际的神经区域和负责情商的区域存在交叉。

在丹尼尔·戈尔曼看来，人的七种基本能力——自信、好奇、意图、资质、人际关系、沟通能力、合作都和 EQ 有关，而社交商更是人类的一种基本生存能力。可以毫不夸张地说，一个人情商和社交商的高低不仅决定着他是否可以拥有良好的人际关系，同时也决定着他是否可以走向成功。当然，成功对于每一个人，在每个阶段的定义都是不一样的。对于一个十二岁的男孩来说，收获友谊就是一种成功。

三个十二岁的男孩走在去足球场的路上，前面的两位身材匀称，一看就是运动健将。落在后面的那个小男孩看起来有些微胖，他似乎跟不上前面那两个人的步伐。突然，前面的男孩转过头来，看着微喘的胖男孩嘲笑道："你也想要尝试踢足球吗？"

语气中的轻蔑让这个胖胖的小男孩感受到了侮辱，下一秒钟，他们很有可能打起来。

只见这个胖男孩闭上眼睛，做了个深呼吸，就像是准备战斗一样。接下来，出人意料的事情发生了——他转过身去，平静地说道："是的，尽管我足球踢得不怎么样，但是我还是要试一试。"顿了一下，他又接着说道："不过我的美术棒极了，不管看到什么，我都能把它画得惟妙惟肖。"然后，他指着原来嘲笑自己的那个男孩说道："至于你，你的球技真的很棒，真的很高超！我希望有一天自己可以像你一样，可总是做不到。但是我想通过不断的练习，我总会提高一点的。"

听到这话，那个原本嘲笑他的男孩子变得不好意思起来，他友好地说道："其实你也没有那么差了，我们可以一起玩，我来教你几招吧！"

就这样，原本可能发生在这三个小男孩之间的战争，最终以和平收场，胖男孩不仅成功地控制了自己的情绪，还从另一个层面引导了他人的情绪。当友谊之花在这三个小男孩身上开放时，我们不得不感慨高情商和社交商的胖男孩已经获得了属于自己的成功，并且拥有了一种让自己和他人都感觉到幸福的能力。如果你是这样的"小男孩"，你还怕不能拥有良好的人际关系吗？

1920年，哥伦比亚大学心理学家爱德华·桑代克就曾经说过："幼儿园、操场、营房、工厂和商场里，到处都能发现社交商的踪迹，但是它在实验室等人为的场合却不存在。"显然，我们生活的环境永远存在着许多令人始料未及的变化，它远比实验室要复杂得多，因此，我们不得不重视社交商。同样，在有人类存在的地方，我们就无法忽略情感的因素，包括社交也是如此，可以这么说，所有的情感都具有社交性。这也难怪，人们经常会将情商和社交商的概念混为一谈。但是，无论它们是两个截然不同的概念也好，又或者它们原本就有交叉，都是我们构筑良好人际关系所不可缺少的素质。

尤为令人欣喜的是，情商和社交商都是可以后天培养的，而且现代的心理学研究已经证实，情商和社交商的发展在一定程度上还可以促进智商的提高，这不仅改变了"智力天生"的论断，同时也给为人际关系所苦的人们带来了希望。但是，在想办法培养和提高我们的情商和社交商之前，我们必须先纠正几种关于高情商的错误认识：

一是将"老油条"错误地认为是情商高。"老油条"一般具有以下特征：善于揣摩人心、理解能力强、见什么人说什么话、做事精明等。这样的人虽然情商也不低，但是还算不上是高情商。在社交中，充其量只是落得"圆滑"的评价，因为他们并不具有带动周围人情绪的能力，尤其是引导他人情绪方面的能力。

　　二是善于隐藏情绪就是高情商。我们常说有些人"喜怒不形于色"，这样的人往往具有很好的情绪控制能力，而情绪控制能力也是衡量情商高低的一个指标。但是情绪也分好坏，对于坏情绪如果不能及时加以疏导，很有可能形成心理问题，这样于人于己都不利。事实上，高情商的人总是善于将自己的坏情绪及时通过自我调节进行转化，并且懂得在适当的时候表达自己的情绪，当然这种表达出来的情绪大多数情况下都是正面的、积极的。鉴于情绪的传染性，也只有如此，才能够吸引更多的人与之交往。毕竟，没有人愿意和整日愁眉苦脸的人打交道。

　　三是认为"忍气吞声"就是情商高。这和第二种有些相似。我们认为，不管是"忍气吞声"还是"喜怒不形于色"，究其实质，它们都是一种情绪控制的能力，离"高情商"的概念还差得很远。上文中我们曾经提到过，高情商或者说社交商高的人有一个显著的能力，就是能够引导别人的情绪。如果你能将别人的情绪引向正面，那么发生冲突的可能性就被避免了，这样的情况下又何须"忍气吞声"呢？

　　由此可见，我们要培养自己的情商和社交商，首先可以从对情绪的掌控能力方面入手。其中主要包括控制自身情绪的能力、解读他人情绪和意图的能力、影响他人情绪的能力，而想要做到这些有一个前提：关注别人的情绪，并使之成为一种长期的、稳定的习惯。如果我们能够做到这些，良好的人际关系已经离我们不远了。

价值观影响你的人际关系

人总是愿意和与自己有着相同爱好秉性和相同价值观的人交往。换句话说，如果一个人的价值观没有问题，并且属于主流，那么他的周围应该会汇聚许多相似的人，这个人的人际关系也不会有太大的问题。

但是，以上的结论仅仅是一种假设，至于拥有同样价值观的人最终是否能够和谐相处，和这些人表达的方式有一定的关系。那么，人际关系中的表达方式又与什么相关呢？我们仍然不得不回到价值观这个问题上来。

什么是价值观？价值观是一种标准，是一种处理事情时判断对错、选择取舍的标准，也可以说是深藏于内心的一种准绳，它在很大程度上指引着人们的行为。如果具体到人际关系方面，我们也可以这么理解：一个人关于人际关系的行为取决于这个人如何看待人际关系。

从表面上看，人际关系和生产力的发展以及社会价值观的导向有着直接的关系。比如在封建社会，我国处于封闭的小农经济时代，生产力还不是十分发达，人与人之间需要团结合作，才能够一起对抗自然因素，而物质的交换也从另一方面促使人们之间必须进行交往。在这样的情况下，朴素的人际关系得到了普遍的重视。另一方面，深受儒家"重义轻利"价值观影响的人们，在人际交往中表现出更多的"重义"倾向，这种"义"不受地位和利益关系改变的影响，表现得较为长期和稳定；但是随着生产力的不断发展，尤其是到了近代，人类社会进入工业化时代，科学技术越来越多地被我们应用在日常的生活中，人们之间的人际关系也出现了很多问题。工业化使人们在尝到物质丰富带来的甜头之后，也给人们带来了信任危机。这种信任危机产生的根源就是因为人人都希望得到更多、更好的物质利益，因此以往的"重义轻利"开始演变为"重利轻义"，人与人之间的交往充斥着利益因素，人们是否要发展一种人际关系的标准开始演变为"这个人是否对我有用"。有用才有发展的可能，正像那句名言讲的那样：没有永远的朋友，只有永远的利益。

　　是主导我们人际关系的价值观发生了改变吗？作为一个有着五千多年优秀历史文化和核心价值观的民族，价值观的改变并不是一件容易的事情，或许改变的只是我们所处的外部环境。对比一下古人和现代人的活动区域吧：在古代，人们出行是一件极为不方便的事情，如果你经济富裕还好，可以乘马车，可以坐船。但是大部分人一生都生活在一个狭小的环境里，即便是那些用车船走出去的人，他们扩大的活动区域相较于"不出门便知天下事"的现代人来说也仍然是狭小的。在一个相对狭小的活动范围内，人们接触到的大多是自己的亲戚、族人或者是和自己非常熟悉、相似的人，因此人际交往中更注重"交心"，也就是用情感去维系人与人之间的关系。作为一个现代人，我们大概早已经不屑于这种"交心"，但是假如你曾经经历过一段刻骨铭心的感情，你就会明白，情感较之于利益，稳定性会强许多。

　　那么现代人呢？随着开放的市场经济的引入，随着互联网被普遍运用，我们即使整日坐在家中，也会看到各种各样的事情发生，也会见识到形形色色的人，如此一来，人际关系的范围就开始一点点地发生改变，从互相认识的人，到稍微相熟的人，再到陌生人，再到跨地域、跨国界的人，这些不断增加的人也不断丰富着我们的人际关系。不同区域、不同国别的人由于生活环境的不同，在价值观上必然会表现出很大的差异，而出于对自身利益的保护，人们也会本能地选择最有利于自己的一种人际交往形式。在这种情况下，"交心"有些时候显然已经过时了。注意，我们说的是"有些时候"。但是作为终日忙忙碌碌的现代人，我们又怎么会有空闲的时间去审视什么是"有些时候"呢？正因如此，人际关系慢慢就演变成为一种建立在利益基础上的关系。

话说至此，我们不得不感慨现代人的无奈，在面对社会舆论关于"冷漠"的指责时，我们已经无力辩解。这是一个社会性的问题，它并不是仅靠一个人或者几个人的力量就可以解决的。如此，我们真的就要听之任之了吗？不，这与我们中国传统的价值观不仅有悖，并且如此下去还会产生严重的社会心理问题。

或许大家已经发现，由于和西方文化产生的背景不同，中国人从古代起就对"人际关系"特别重视，在中国的古老文化里，有一个词叫作"天人合一"，这是中国人的最高理想——人与自然和谐相处。但是在尚未达到这一理想境界时，中国人也是很实际的，我们的祖先们首先将着眼点放在了人与人之间的关系建设上，并且创造出了诸如"仁""义""礼""智""信"等准则来规范人们的行为，直至今天，它们对我们的影响仍然存在。

我们可以看到，人的一生中的每个阶段都会存在重要的人际关系，如年轻时的男女关系、成年后的亲子关系、工作后的同事关系和上下级关系等。人际关系内容如此丰富，有些人不禁会怀疑，这些真的有用吗？它们能够给人带来幸福吗？

这个答案会因人而异。但是有一点我们可以肯定的是，如果你的人际关系不好，你一定会觉得非常痛苦，因为在一个人人都重视人际关系的环境中，如果你成为一个异类，那么你既享受不到同伴带来的归属感，也无法享受人际交往所产生的满足感，这样高昂的代价可不是每一个普通人都有能力承受的。

综上所述，我们可以看到，价值观不仅影响着人际关系发生的方式，而且还会对个人的人际关系产生重大影响。然而，值得庆幸的是，作为一个古老的民族，我们的传统价值观还在发生作用。因此，只要我们坚持下去就一定不会迷失，也一定可以构建出一种能够带来幸福的人际关系。

自尊、自信是衡量心理健康的标志

自尊和自信作为人格特质，已然成为衡量心理健康的标志。这些都是形成良性人际关系的必要条件，因此我们完全有理由让自尊和自信成为人际关系的两大基石。

自尊，亦称"自尊心"，是个体基于自我评价而产生的一种自我尊重的情感，并要求他人、社会、集体也能够给自身这样一种情感体验。由于自我评价有积极和消极、高和低之分，因而产生的自尊也有强弱之分。自尊心过强，则容易形成虚荣心或者过于在乎别人的评价，造成心理敏感；自尊心太弱，则容易形成自卑，缺乏正确评价自己和看待别人评价的能力，容易产生社会焦虑。

此外，由于自尊不仅是自身产生的一种情感，它还对社会、集体和个人提出了尊重自身的要求，因此自尊有时也通过社会比较来获得。如何理解这种比较呢？我们可以看一个生活中的小例子，比如：我们每个人都有了解自己的需要，但是我们怎么来了解自己呢？一个有效的方式就是通过别人对自己的评价来了解自己。这种评价中就隐含了一个比较的标准。我们说某个人个子高，肯定是相对于一个标准的，比如一般人都身高一米七左右，他身高一米七五，这就是高。也就是说，我们通过某人的身高和一个标准相比较得出一个较高的结论。

自尊的产生也经历这样一个类似的过程。无论是通过我们对自己的评价，还是别人对自己的态度获得的自尊心都是在一种比较中获得的。一般来说，社会比较有两种：一种是和比自己强的人比较，一种是和比自己弱或者差的人比较。人们常常认为和自己强的人比较容易产生沮丧、挫折等消极情感；而与比自己差的人比较则容易产生满足、优越感等积极情感。事实上，产生积极的或者消极的情感并不是确定的，它取决于当时的情境和自我的心境。但是可以肯定的是，人们可以在这种比较中获得自尊的情感体验。

那么，这些又会对我们的人际关系产生什么样的影响呢？既然我们已经了解了自尊产生的两种途径，那么我们也应当清楚自尊产生的过程和人际交往是分不开的。从某种程度上来讲，人际关系的好坏会直接影响自我评价的结果和社会比较的客观性。不仅如此，这种影响还是相互的。自尊的强弱以及表现程度会直接影响人际关系。

阿龙是北京某公司的一个小职员，相较于其他同龄人，他的生活可谓是一帆风顺。从一个名不见经传的本科院校毕业后，他很快找到了一份自己喜欢的工作，薪资等各方面待遇还不错；年纪轻轻在父母的资助下已经成功在北京买房，虽然每月还背负着房贷，但是比起北漂一族已经优越许多；多年的职场生涯让他已经实现全方位蜕变，从当初一个青涩的小伙变成到处可以指点江山的职场高人。唯一美中不足的是，自己的终身大事还没有着落。

于是，许多好心的同学开始帮着他介绍、张罗。小君就是他同学介绍的对象之一。不幸的是，小君在见过阿龙一面后，鉴于他的种种表现，认为彼此不太合适，就此作罢。但是阿龙的心里很不是滋味，他认为自己各方面条件都比小君要好，凭什么自己相中她，她还相不中自己？因此，他开始在自己同学——也就是他们的介绍人面前，先是不停地抱怨，想让同学帮他了解一下情况，之后又开始装"路人"，在他同学再次提起小君时，阿龙直接说了一个"不认识"。阿龙的"健忘"程度不禁令同学对其"刮目相看"，以后再不敢给阿龙介绍女朋友了。

据小君讲，她其实并不很看重阿龙的外在条件，因为按理说阿龙除了形象一般外，其他方面都不失为一个理想的结婚对象，但是让小君不接受阿龙的原因是吃饭时阿龙的一些话。阿龙在和小君吃饭的时候讲了许多他公司的事情，阿龙对很多事情都表现得不屑一顾，在讲到他的同事和朋友时也经常嗤之以鼻，甚至还说到了公司对他的不公和他对现领导的一些不满。小君觉得阿龙的心理有些敏感，自尊心也特别强，人际关系方面可能有点小问题。

这些和小君的人际观都是截然相反的。小君是一个心地很简单、单纯的女孩，虽然工作几年了，但是待人始终非常真诚。在她的眼里，她的同事都是一些很善良而可爱的人，尽管有时候她也会因为工作的事情被领导斥责，但她总是先从自己的身上找原因，即使有时候被别人冤枉了，她也会很快调适好自己的心情。"开朗、乐观的傻大姐"是别人对小君的一致评价，大家都很喜欢这样一个没心没肺的"傻大姐"。因此，小君总是可以很快地融入一个新环境中，周围也有许多好朋友。而这些情况，也只有熟悉小君的人才知道，小君并没有因此而扬扬得意，她甚至自己都没有意识到自己为什么可以有这么好的人缘。她只是觉得自己有时候好像确实挺傻的，傻并快乐着。

这样的小君和这样的阿龙确实无法产生火花。你认为呢？

恋爱关系作为人际关系的一种，存在的问题本身就很具代表性。在上文的故事中，我们可以明显地感觉到阿龙属于自尊心比较强的人，也许是从小到大的"一帆风顺"以及和周围朋友的比较让阿龙的优越感太强，以至于他对自己的自我评价过高，而在得不到别人同等程度的尊重时就会产生心理落差，这种落差让他变得敏感、特别在意别人的态度；又或许是阿龙本身的自我认知就存在问题，他在社会比较的过程中，无法客观冷静地审视自己所处的位置，一味地沉浸在自己为自己设定的自尊里，因此会对周围产生的种种不协调感到苦恼、愤怒。如果这样的情绪蔓延到生活中，就会形成一种焦虑，夹杂着工作生活中出现的一些问题，逐渐产生一种难以排解的压力。这种压力虽然无形，但是最终会形成一种影响他人与你接近的障碍。毕竟，我们都渴望一种和谐的人际关系，一种可以满足自身心理需求的人际关系，而不是心理包袱。

相对于阿龙而言，小君的自尊心表现得就不是那么明显，而我们在小君身上看到更多的是自信。有人曾经这样说："自信心是保护自尊心不受伤害的最有效的武器，它就像我们身上的衣服。"每个人都会有自尊，这是一种心理上的尊严，但是自尊不应该是只挂在嘴上、停留在面子上的一种表象，它需要我们用实际行动去争取、去证明。而自信心是一种做事情时表现出来的对自己能力的信心，每当我们的自信心增加一点，就意味着我们已经做正确了一件事情，而此时增加的不仅是自己的自信，还有别人的尊重，由此产生的是一种建立在自信基础上的自尊，它适度并且牢固。从另一个角度来看，自尊心得到满足也有助于自信心的形成。由于自尊要求集体、社会和他人给予自身一定的尊重，因此在这种尊重得到满足时，也意味着社会对自身的认可，这种认可是自信心形成的另一种途径。而一个人越是对自己自信，就越是能够对自己和与之交往的人进行客观评价，这些都是培养良好人际关系的基础。

　　总而言之，自尊和自信作为我们人格的两个重要因素，它们的表现直接影响一个人的心理健康程度，而一个人的心理是否健康也决定着我们能否客观和正确地看待周围的人和事物，决定着我们如何看待和处理自己的人际关系；反之，人际关系的好坏也会直接影响一个人的自尊和自信，影响到我们的生活质量、身心健康程度。因此，让自尊和自信成为我们人际关系的两大基石是非常有必要的。

低调做人是一种处世智慧

在生活中，我们常常有这样一种经验：如果给自己制定一个过高的目标，我们会因为实现过程中出现的困难而平添许多烦恼和压力；但是如果我们给自己制定一个相对比较低的目标，则实现起来不用耗费太大力气，更容易收获成功的喜悦和满足。做人也是如此，当你将自己放在一个比较高的位置上时（俗称高调），则会平添许多烦恼和麻烦。

首先，过于高调，容易引起别人的注意，招致打击。这点在中国的许多古语里可以得到验证，比如"树大招风""木秀于林，风必摧之""枪打出头鸟"等。且不说是否是因为过于引人注目而遭到嫉妒，单从这个词语的字面都可以看出，如果不合群，就像大家正在大合唱，就你的调子高，能不引起别人的反感吗？而且从深层的意义上来讲，自我定位太高确实非常不利于自身发展。

其次，我们经常强调思想和行为的一致性。如果一个人的行为比较高调，他的思想一般也不会含蓄，甚至会比较激进，难免有点"曲高和寡"，不太合群。这样的人容易被视为异类，被人疏离，因此会产生失落、孤独等种种不良情绪。

或许是因为这样的缘故，中国人向来将"低调做人"作为一种修身的法则，在生活中多表现出平和、谦逊、忍让等美德。的确，放低姿态，是一种做人的智慧，不仅能够很好地保护自我，还可以保护自身的既得利益少受损失。

去过秦始皇兵马俑博物馆的人大概都看到过它的"镇馆之

宝"——跪射俑。跪射俑被誉为镇馆之宝的原因不仅是由于它保存得比较完整，同时也是因为它独特的姿态和展现出的意境深深地吸引了人们。在众多出土的陶俑中，除了跪射俑外，其他种类的陶俑均受到不同程度的损坏。仔细观察，人们就会发现跪射俑相较于其他陶俑，它的姿势是跪地的，因为跪在地上，重心比较低，所以姿势也更稳。这种姿势出现的战场上时一则省力，二则利于瞄准，三则便于隐蔽，因此是一种比较适于防守和设伏的姿态。作为陶俑，这样的姿势也最终成就了它出土时的完整。因为其他陶俑大多在 1.8—1.97 米，而跪射俑只有 1.2 米。俗话说，天塌下来有高个子顶着，兵马俑棚顶坍塌时也是高的陶俑先受到冲击，受此缓冲之后，低的陶俑所承受的力量就较小，也因此成为后来保存的最完整的一类。

此外，跪射俑的姿态还深深的蕴含了一种处世之道——这也是跪射俑吸引人的根本原因。跪射俑俯身低就的姿态恰似一些刚步入社会的张扬的年轻人，在率性而为、四处碰壁后慢慢学着隐忍，少出风头，专心做事，渐渐学会保全自己，以求得更好的发展的含蓄姿态。这正是我们为人处事特别需要的一种状态，不仅保护了自己，也蓄积了力量。

低调做人的智慧还表现在放低姿态后，可以让对方心理上感到一种满足、一种受尊重的感觉，从而促进合作的意愿。

低调做人既是一种做人的姿态，也是一种处世的智慧。人由于自身的社会性和群体性，必然要与许多不同种类的人打交道，有些人谦虚，有些人高傲，有些人精明，有些人愚笨，有些人领袖欲强，有些人喜欢听取别人的意见，无论是以上哪一种类的人，有一点是一样的，就是大家都希望在人际交往中获得对方的尊重。而行事高调的人往往因为关注的重点在自己身上，而无法满足对方的受尊重心理，因此容易导致逆反心理的产生，于己于人都不利。低调做人则恰好相反，因为你的姿态越低，越谦虚，就越容易满足对方受尊重的心理需求，让对方得到满足，对方自然也愿意满足你的愿望。

低调做人虽然有助于我们形成良好的人际关系，但是仅做到这点还是不够的，我们还需要有一个好心态。好心态不仅决定着我们对周围的人和事物的看法，也时刻决定着我们的心境，决定着一个人的思想和行为。

好心态所具备的强大力量在我们发展人际关系方面也同样适用。许多人际关系不好的人总是抱怨自己遇人不淑，让一些不愉快的经历影响自己的心情，令自己变得心绪不佳、思想混乱、烦躁不安，以至于在人际交往中顾此失彼、得不偿失。其实，仔细想一想，这些问题还是要归结于自己的心态不佳。

好心态还是一种心理自我调节的能力。由于人们每天都在忙于生计，在与各种各样的人和事情打交道，因此不可避免地会产生许多情绪，如兴奋、骄傲、自责、内疚、忧伤、挫败等，这些情绪中有些可以让人感到愉悦，有些则带给人疲惫和负担。人的情绪都具有传染性，而人们会本能地排斥被负面的情绪所传染，如没有人愿意和整天怨天尤人、愁眉苦脸的人交往，因为谁都不想过这样的生活。这时候我们需要用一种积极的心态去摆脱这些负面情绪，让自己变得乐观、充满阳光，这样不仅自己的日子过得舒畅，也能够更好地融入周围的人群。并且，我们会发现，这种遇到挫折时的自我调节能力会产生一种很强的吸引力，为你带来好的人缘和人际关系。因为，每个人都希望能够保持健康的生活基调。

| 第二章 |

高情商倾听洞悉对方心理

专心静听对方说话

一次成功的谈话，并没有什么神秘的诀窍，最重要的是能静心注意听对方说话，再也没有比这更能使人愉快的了。

跟别人说话，如果我们的知识比他少，那么，我们更要注意倾听，也要对他的话题表示出兴趣。他看出我们注意了，自然会高兴，这是对他表示的最高钦佩之———很少有人能拒绝专心静听人的奉承。

最近我参加一个宴会，席上遇到一位著名的植物学家，我从未曾和他谈过话。我感觉他很有趣，于是就坐在他旁边静听他讲述许多有关植物的趣事，从室内花园到马铃薯生长的奇怪情形。我自己有一个花园，他指点我许多以前不会解决的问题。我们一席上，同时还有十几位别的客人，我却礼貌地一直听那位植物学家谈论了好几个小时。

宴会结束，我和主人及其他来宾一一告别，后来那位植物学家对主人说了许多称赞我的话，而且说我有精神、人很风趣等等，最后还说我是"最有趣的谈话家"。我是有趣的谈话家吗？我怎么会是呢？我几乎什么话都没说。我实在不能说什么，因为我对植物学懂得太少了，于是我只好注意聆听。

做一个善于倾听的人，鼓励别人谈论他们自己，这是得到别人对你产生一个好的印象的方法。

商业会谈的秘诀

商业会谈的秘诀是什么？据某一大公司业务经理说："成功的商业会谈没有什么神秘的。最重要的是能和气地静心听他说话，对你的顾客也好，你去推销商品也好，都要把握这一点。"

这种能力你无须进大学念四年书就可以学到。但是有些商人租用豪华的铺面，百货齐全，花了几十万做广告宣传，然而却雇用一群不会专心静听的店员——他们打搅顾客的谈话，与顾客的意见相左，惹火了顾客，最后把顾客气走了。

举个实例：我有位朋友吴君，一次在某百货公司买了一套西服，后来他发现衣服掉色，把白衬衣的领子都染黑了，于是他回到那家公司，找卖货给他的那个店员，打算把这情形告诉他。在他没讲明之前，那店员就插嘴说："这样的衣服我这里卖过几十套，还是第一次听见有人不满意。"若是这样说也罢了，但他的语气使人难受，竟说吴君故意用不诚实的手段与他捣乱。在争执的时候，又走来一位店员说："所有的黑色衣服开始都有点掉色，那没有办法，你出这个价钱买自然不会太好，那是颜料的关系。"到这时候，吴君几乎冒火了。他说："第一个店员怀疑我的诚实，第二个店员暗示我买的次等货。""我恼了起来，正要骂他们，突然那部门的主任走来，他将我的态度由恼怒变成满意的顾客。他是如何做的？我分三个步骤来说：第一，他静听我从头至尾地说我买衣服的经过，不发一言。第二，当我说完后，他的店员插入他们的意见，他从我的观点与他们的辩论，不仅说我的衬衣领不该被染污，还说他的商店不应该使顾客不满意。第三，他承认不知道这件衣服的毛病，他说：'你想如何来处置这套衣服，我们一定照办。'"

"几分钟前我有意要他们收回这套衣服，现在我却说：'我听从你的意见，我愿意将这套衣服试穿一星期。'他说假如仍不满意，请把它拿来，为我调换，同时对为我造成的麻烦深表歉意。"

"我满意地走出那百货公司，一星期后，那套衣服已不掉色了，我恢复了对那家百货公司的信任。"

听说比善说更重要

喜欢挑剔和批评的人，在一个有耐心、认真听他申述的人面前终究是要软化屈服的。

举个例子：某市自来水厂年前曾遇到一个爱找麻烦的用户。这位用户是个地方上的民意代表，他屡次打电话给水厂斥责水质不洁，或水中有小虫等等，而且拒绝付水费。他还向报社投诉，在开会时大肆责备。

水厂方面不敢得罪他。后来派了一位最干练的业务员去拜访他，静听他的斥责言语。那位业务员听了频频说"是!"并同情他的遭遇，不断地静听他的牢骚几乎两个小时。最后，这位业务员表示虚心求教，保证立即改善水质。

后来业务员又去拜访他两次，静听他的责难。最后，这位民意代表渐渐地表示友善，而且付清所欠的水费，以后再也不责难水厂了。

无疑的，这位民意代表自以为是主持正义，为用户利益着想。事实上，他想要的是"高贵感"，用责难的方式得到他的"高贵感"。而在水厂方面派业务员和他接洽之后，他得到了"高贵感"，于是，他的不满都消失了。

还有一例：一个商人愤怒地走进某公司的经理室。这位经理后来对我说："那位商人是我公司的顾客，有一笔三千元欠账他却不承认，显然他是忘记了，因此会计部门一再去信催他来付清。他一怒就乘火车亲自赶来，跑进办公室说：不但不还那笔欠款，而且从今往后不再买公司一块钱的东西。"

经理接着说："我耐心听完他要说的话。我多次想终止他再讲下去，但觉得那不是个好办法，于是尽量地让他发泄。当他最后沉静下来，能够接受我说话时，我静静地说：'感谢你到公司来告诉我这件事，你已帮了我很大的忙，因为如果我的会计部惹怒了你，他们亦可能会同样惹怒别的顾客，那就太糟了。你可以相信我，我想知道这件事情比你来告诉我更感到急切。'"

"他没有想到我会说这样的话，我想他一定失望：他愤怒地到公司来交涉和责问这件事，我却反而感谢他的来意。我答应他把这笔账抹消，因为他是细心的人，只需管理一份账目，而我们的职员却要照顾数千份账目，所以他比我们不容易发生错误。"

"我告诉他我十分了解他的心情，假如我换了他，亦同样会有这种感觉。因为他不再购买我的产品，于是我为他介绍了其他几家别的公司。以往他来公司时，我都请他吃饭，这次我亦照样请他，他勉强接受了。等我们吃过了饭回到公司，他却订了一批比往常还多的货物。他回去时，已经不生气了，愿意同我们继续交往。他回去后再重查一次他的账目，发现是他的错误，于是寄来了一张三千元的支票和一封道歉信。"

上面是那位经理告诉我的话。在某些场合，细心听对方的说话，比你口若悬河、广泛引证都有效。

做一个能专注静心听话的人

有些人不能给别人一个好的第一印象，是因为他们不曾倾听对方的说话，他们老是想着下句话要讲什么。因之，耳朵虽在听，却什么话也听不进去。

几乎所有人都喜欢会听话的人甚于会说话的人。但是能耐心听别人说话的人，实在比较少。《读者文摘》有一期有这么一句话："许多人请医生，他们所要的，不过是一个静听他诉说病痛的人吧！"在美国内战最艰苦的时期，林肯写信给依利诺斯的一个老朋友，请他到华盛顿来，林肯说有些问题要和他讨论。这位老朋友来到白宫，林肯便滔滔不绝地对他说有关解放黑奴宣言的事情。林肯叙述有关此项宣言赞成和反对的意见，接着又拿出许多报纸杂志来读，有的是痛斥他何以不解放黑奴；有的是痛斥他将来不该解放黑奴。谈了几小时后就送那位朋友回去。会谈中林肯不曾问一声他朋友的意见，完全是他一个人在说。那位朋友说："他说完之后，心里就觉得轻松了。"林肯并不需要别人的建议，只需要一位友善而且具有同情心的静听者让他发泄心头的苦闷，这是我们在困难中都需要的，亦是一般愤怒的顾客、不满意的员工及伤了感情的朋友们所需要的。

假如你想知道如何能使别人见到你就远避或是在背后讥笑你，这里有一个方法介绍给你：你只要无论谁在讲话都不注意听，同时不停地讲你自己的事；别人正在说话时你又忽然想出另一个意见，不等他说完话，你就插嘴，他没有你伶俐，自然你不必费时去听他讲话；当他正说着话，随时打断他的话而讲你自己的。

你见过上面所讲的这种人吗？我见过的，而且社会上有许多知名人士亦犯有这种毛病，他们中了只知有己没有别人的毒，堕入了自以为比别人高贵的迷途，这些人才是真正的令人讨厌者。

只谈论自己，只为自己设想，这种人无论他念过多少书，都等于没有受过教育。

所以如果一个人希望成为健谈者，先要做一个能专注静心听话的人。要使人对你感兴趣，你必须先使人感觉到兴趣。要诀就是：回答别人喜欢的问题，鼓励别人讲述他自己及他的成就。

记住跟你谈话的人关心他自己、他的需要以及他的问题，比关心你和你的问题更重要，他的牙痛比别人遭受天灾死亡更要紧，他颈上的小疮比非洲地震四十次更严重，所以下次你与人谈话时要记着这些。

做一个善于静听的人，鼓励别人谈论他们自己，这是博得别人好印象的要诀。

"永远避免当面的冲突"

"永远避免当面的冲突",这是几年前我在一个宴会上得到的一个宝贵教训。

罗君在美国得了博士学位回来,有一晚我被邀请参加欢迎罗君的宴会。席间坐在我旁边的一位来宾讲了一段幽默的笑话,引用了一句成语。

这位来宾说是《圣经》上的成语,其实他错了。我知道这句成语的来历,由于自己想表现比他知识丰富,便毫不客气地纠正他,他勃然大怒:"什么?那句话出自莎士比亚?不可能的,真是笑话。"坐在我另一旁的是老友高先生,他对莎翁的著作很有研究,因此我和那位来宾都同意就这问题请教高先生,高先生听了原委,在桌下暗暗地踢了我一下说:"陈兄你错了,这位先生是对的,这是出自《圣经》上的。"

宴会散席后在回家的途中,我对高先生说:"说实在的,那句成语是莎翁说的。"

"是的,在莎翁的《哈姆雷特》那本书的第五章第二节上,但是你知道我们是一个盛大宴会上的客人,陈兄何必去证明一个人的错,那会使他喜欢你吗?何不让他保全面子?他并未问你的意见,何必同他争辩?永远避免当面的冲突。"他这样回答我。

"永远避免当面的冲突"。说这话的人虽已死了,但是给我的教训却仍存在。

这个教训是极为重要的,因为我向来是一个固执的好辩者,我在幼年凡事都与兄弟们争辩；我进了专科学校，选修伦理学和逻辑学，且经常参加辩论会，我留心静听批评，从数十次辩论会中，我注意到他们的反应，得到一个结论：天下只有一个方法能使辩论得胜——就是避免辩论。避免辩论和避免地震与毒蛇一样的重要。

十有九次，辩论终了之后，每个参与辩论的人都比以前更坚信他是绝对正确的。

你无法从辩论得胜，你也不可能胜，因为如果你失败了，你就是失败了；你得胜了，其实你还是失败的。为什么呢？因为假如你胜过对方，将他的理由击败，并证明他是错误的，然后怎么样？你觉得高兴，但是对方呢？你使他觉得，你伤了他的自尊心，他会恨你，从而反对你的胜利，而且——"一个人被违背自己的意见说服之后，必仍然坚持着他本来的意见"。

日本有一家人寿保险公司为职员订下了一条规则："不要跟顾客辩论。"真正的推销术不是辩论，亦不是近似辩论的，人的思想绝不是可以那样改变的。

举个例子：我有一个朋友苏君，受教育不多，但却喜欢争执。他一度任家庭电器技工，后来改做推销员，推销立光牌厨房除油器，可是成绩不佳。他来找我，询问之后我发现他常和顾客因意见不合而争执。他对我说："我的确跟他说良心话，而且告诉他一些内行的经验，但却没能卖给他一样东西。"

我指点他的方法最先倒不是如何说话，而是教他怎样少说话，避免与人争执。苏君现在已成了有名的推销员。他是如何成功的呢？

他说："假使我现在走进某人的家里，他说：'什么牌子呀？我从没有听到有这种牌子。杂牌子没信用，我要买的话，我就买大同牌的。'我说：'朋友，大同牌的除油器是好的，如果你买了，不会吃亏。大同牌是有名的公司的产品，他的推销员也非常能干。'于是他没有话说了，没有争辩的余地。假如他说大同牌的最好，我也说是的，他就没得可说了。他没有那么多时间坚持他的看法，于是我们渐渐一致，抛开了大同牌的优点，而谈立光牌的优点。"

"当年我遇到这种情况，就会暗生闷气。我会指出大同牌的缺点，我愈说它不好，对方愈为它辩护，争执愈激烈，愈使他决心不买你的东西。回想以往，我一辈子能推销出什么东西呢？"

"同一条狗争着走路而被它咬一口，不如退让一步，因为被咬之后，即使你把它杀了，你的伤口还是痛的。"记着：争执和辩论不能取胜。

自己说自己错，比别人说要好得多

我住在环岛边，屋子附近有条街，是条单行道。我每天早晨骑摩托车上班，如果能取道这条街，可以省去绕环岛走上干线再转一个弯。有时早晨这条街人车较少，我便朝着反方向驶去。

有一天却在那条街口遇上了交通警察。他好像为了显示他的权威，于是打个手势叫我停下来，责问我："这是条单行道，难道你不知道？那么大的牌子立在街头上。"

"是的，我知道，不过现在有点急事，从这条街出来要快得多了。而且，早晨车子少，我想不会有什么妨碍。"我客气地回答他。

"你想不会？交通规则不管你怎样想，万一你撞上了十轮大卡车呢？现在我且原谅你一次。下回再碰到的话，你带着钱去把执照取回来。"

我谦逊地答应遵守他的命令。

可是有一天要赶去上班，于是又骑进那条单行道，心想不会那么凑巧碰上交通警察。可是，偏偏那么巧，刚出了那条街，碰上了，而且是上次碰上的那一位。

我知道这次骑虎难下，所以没等警察开口，我先发制人，我说："警察先生，你这次又抓到我，我承认错，无可分辩，你上次警告过我，违反规则就受罚。"

那位警察用温和的语气说："哦，早晨街上车子少，贪图个方便。"

"当然方便，但是这是违反交通规则的。"我说。

"早晨车子少，还不致发生意外。"警官笑了笑说。

"不，也许会撞上行人。"我又说。

"哦！你太认真了。这样吧，早晨7点半以前倒无所谓，我还没上班，不要被我碰上就行了。"

交通警察也跟一般人一样有人情味，得到些高贵感，他的自尊心得以展现，于是大度地饶恕了我。但是如果我要为自己辩护——好了，你会辩得过一个警察执行公务吗？

不和他争辩，承认他完全是对的。我们自己说自己错，岂不比由他人口里说出我们的错要好得多？

在你知道别人要说出你所有不对之前，你赶快找机会自己先说出来，使他无话可说，你将有十成的把握，可以得到他的仁慈宽恕态度，以减轻你的错误。

王君是一位商业艺术家，他曾用这种方法得到一个极易动怒好骂的雇主的信任。王君在讲这段故事时说："做广告图时，最要紧的是简明正确，有时不免发生些小错。我就知道有一位广告社主任，专喜欢在小地方挑毛病。我时常是不愉快地从他办公室走出来，不是因为他的批评，而是他攻击的地方不当。最近我于百忙中替他赶完一幅画，他来电话叫我去见他，到那儿果不出所料，他显得非常愤怒，已经准备好了要批评我一顿。我却想到要用责备自己的方法，我说：'先生，你所说的话不假，一定是我错了，而且是不可原谅的，我替你画画多年，应该知道如何才对，我觉得很惭愧。'"

他立刻替我分辩说："是的，你说得对，不过这并非大错，仅只……"我马上插嘴说："不论错的大小，都有很大的关系，会给别人看了不高兴。"

他打算插嘴说话，但我却不给他机会，我有生以来第一次批评自己，我很愿意这样做。我继续说道："我实在应该小心，你给我的工作很多，你理应得到满意的东西，所以我想把这幅画重新画一张。"

"不！不！"他坚决地说，"我不打算太麻烦你。"他开始夸奖我所做的画，说只需稍加修改就可以了，而且这一点小错亦不会使公司受损失，仅是一点小节不必太过虑了。

我急于批评自己，使他的怒气全消，最后他邀我一起吃点心。在告别之前他开给我一张支票，并委托我画另一幅新的广告。

任何傻瓜都会为自己的错误辩护——事实上亦只有傻瓜才如此做——自己肯认错的人，能使自己比别人高出一头，并会得到一种高贵的感觉。

我们若是对的，要用温和巧妙的方法使别人赞同我们的意见；反之我们错了——只要出于诚意而发生的——让我们赶快坦白，承认错误，这个方法不但能发生惊人的效果，而且，信不信由你，在这种情形下，总比你设法为自己辩护还要有益。

与人交谈，先迎合对方心理

与人交谈，不要一开始就谈及意见不同的事，而须着重谈彼此意见相同的事。你们彼此追求的目的是相同的，而你们唯一差别是方法上的不同，所以一开始你就要对方回答"是"，而千万不能让他说出"非"来，因为假若一开始双方就彼此不合，那他会存下反驳的成见，如此你就算再说上千言万语，而且是句句真实的，但是别人早已存下了不良的印象，再要使他改变过来是不大容易的。所以与人交谈，先得迎合对方的心理，使对方觉得这次交谈是商讨，而不是争辩。

道理何在呢？因为每个人都有自己的尊严，他开头用了"非"字，即使后来他知道这"非"字是错了，然而世上有几个人能接受认错？为了他的自尊，他所说的每句话，他都会坚持到底，所以我们要绝对避免，不使对方一开头就说"非"字。

一个善于讲话的人，他不仅要熟练掌握说话的技巧，同时还要揣摩听者的心理。在交谈中，先要吸引听者的注意力和兴趣，使他们乐于接受你的想法，否则你一开始就引起反感，那只有失败。

在心理学的形态中，当一个人对某件事说出了"非"字，无论在心理上和生理上，比他往常说其他字要来得紧张，他全身的组织——分泌腺、神经和肌肉——都振作起来，形成一个抗拒的状态，整个神经组织都准备拒绝接受。反过来看，一个人说"是"的时候没有收缩作用发生，反而放开准备接受，所以在开头我们获得"是"的反应愈多，才能更易得到对方对我们最终的提议的注意。

要使别人说出"是"的反应，技巧很简单，但往往被人们所忽略，因为人们有一个错误的心理，以为必须与人意见相反，才显出自己的高贵和自尊。其实这是最笨的想法。一个性子急躁的人与一个内向守旧的人讨论一件事，不用三言两语，就可以使这位守旧的人发怒，但这样有何好处？

在学校里对学生，在家庭里对妻子儿女，在商场中对顾客，要是一开口就使人不快，那你得用神仙的智慧与忍耐才能使他们改变他们已经拿定的主意，所以千万不可凭一时私意触犯对方。

在这里我用我的一位朋友林君的事实举个例子。他是一家电器公司的推销员，这是他自己说的故事：在我推销的区域内有一家大工厂，我认为是我们未来的一位大主顾。我费了几个月的时间，用了许多口舌，最后总算得到了一小笔订货，即几个马达，假如能使他满意的话，可能会有大批的订货，这也是我最殷切期望的。

三个星期后，我去那家工厂看看反应。当我见到那位总工程师，他第一句话就说："林先生，以后我不能再买你的马达了。"这使我大吃一惊，我问他："为什么？"他说："你们的马达太热，我的手都不敢放上去。"我知道和他争辩是没有好处的，这是我以往不知多少次失败得来的教训，因此我打算用的方法，使他开头就说"是"。我说："黄先生，你的话不错，马达外围烫手是不好的，你所需要的是发热不超过全国电工协会规定的一台标准的马达，发热可以较室内温度高上72华氏度，你说对吗？"他说："是的，但是马达四周烫手，都超过了规定的度数。"我不与他争辩，我仅仅问他："当时工厂室内的温度是多少？"他说："噢！大约是75华氏度。""在一盆147华氏度的水中，手会不会被烫坏呢?"于是我又给他建议："黄先生，你不可以把手放在马达上，你认为呢?"他于是承认说："我想你的意见有道理。"我们又随便地闲谈了一会儿，他喊他的秘书来，约定在下月中要订我们3.5万元的货物。我从多少年的失败经验中才学到让别人说出"是对的"，反之与人争辩是无效的。

　　这种说服的方法，是2000年前希腊大哲学家苏格拉底所用的，现在这种"苏格拉底式的辩证法"就是想得到对方的"是"的反应，他问的问题都是得到反对者的同意，使对方不断地说"是"，无形中把对方的"非"的观念改变过来。

　　记着，我们今后要告诉人家错误的时候，就要应用苏格拉底的方法，使对方多说"是"，使人家对你没有反感。所以你要使别人同意你的意见，在交谈中应使对方时时说"是"。

以称赞去代替埋怨和批评

要别人同意你的意见，以为用争辩或权威，或引用逻辑定理坚持你的观点，并不见得可以收到效果。如果一个人对你早有成见或心存厌恶，你就不可能用宣传式的逻辑方法去感化他们。如责骂的父母、专横的丈夫和上司、长舌的妻子，都应该知道是无法强迫他人改变心意的，不能勉强或驱使他人同意你，但是假如用温柔友善去诱导他们，却可使他们同意你的观点。

西洋有句古话："一滴蜜比一桶毒药所捉住的苍蝇还多。"对人亦是如此：你要想得到别人的同意，先要使他相信你是他的朋友，就如同一滴蜜吸住了他们的心，这才是达到目的的大道。

有一个例子，这是刊载在一本西文杂志上的"补白"：

我和丈夫迁居到麻省的一个小镇上。几个月后我向邻居埋怨镇上图书馆馆员服务太差，希望她能把话传到图书馆馆员的耳中去。第二次再到图书馆去时，图书馆馆员服务态度果然大有改善，他交给我两本畅销小说，给我先生一本传记，并且对我们十分客气。

我于是又把这种改善的情形告诉了我的邻居，我说："你大概已经把我埋怨他服务太差的话转告了他吧？"

"不。"她坦白地回答说："可是请你不要见怪，我对他说的话正好相反：我告诉他说，你的丈夫在称赞他管理得法；而你呢，也在夸赞他选购的新书很好。"

这个例子告诉我们：我们要学会看人的长处，欣赏人的优点，以称赞去代替埋怨和批评。

让别人多谈他自己

大多数的人为了使别人赞同自己的意见，会唠唠叨叨地说个不停。尤其是那些推销员最易犯这个毛病，一味地对顾客夸耀自己的产品如何美好，使顾客没有插嘴的余地。其实这是一件错误的事，因为顾客上门来购买东西，早已有了选择的心理，他会挑剔产品，他就有购买的念头。他批评产品，你不必与他争辩，顾客选定之后，自然会掏出钱来购买；若是你和他争辩，这如同指责顾客没有眼光、不识好劣，顾客受此侮辱，只有到别家去了，岂不是损失了一笔生意？

所以人家说话的时候，若有不同意之处，应待别人说完，不可插进去或阻止他。因为当他还有许多话没有说完，他决不会来接受其他意见，因此根本不会注意听你的。所以我们应该鼓励别人，使人能把意见表达出来。应自我训练耐心地静听别人讲话。

许多应征求职的青年，见了经理就滔滔不绝诉说自己的学历、经历，或有些什么才能等等。然而，十个应征者中会有九个说同样的话，经理对哪一位也不会给予特别的注意。

工商报分类小广告中，有一次刊登了一家公司征聘一个有特殊才能和经验的人。我的侄子陈君看到了这段广告，就去应征。

他先到我这里来，想搜集这位经理以往的资料。这位经理也算是工商界的名人，于是我把他的经历告诉我的侄子。那天见面之后，一见经理他就说："我很愿意在这里工作，我觉得能为你做事是最大的光荣，因为你是一位能干大事的人。我知道你28年前创业的时候，只有一张桌子、一名职员和一部电话机在办公室内，经过了你周密筹划、努力奋斗，才能有今日这样大的事业，你这种精神令我钦佩。"

所有成功的人，差不多都乐于回忆当年奋斗的经过，这位经理亦不例外。所以到经理处应征的人，大都是毛遂自荐自己的能力，但陈君一下就抓住经理的心理，因此经理先生很高兴地讲述他当初创业时，仅有4500元的资本，这种小本经营处处受到别人讪笑，而且生意清淡，因此艰苦奋斗，星期日亦照常工作，每天工作经常在12个小时到16个小时之久，经过了长期奋斗才有今日成就。经理不断地谈论他自己的成功史，陈君始终在旁洗耳恭听，并以点头来表示钦佩。最后经理向陈君简单地问了一些经历，便对旁边的副经理说："这就是我们所需要的人了。"

陈君花了很多时间去听经理以往的经历，他向对方表示仰慕，他鼓励对方多多说话，于是留下了好印象。

这是一种真理，即使是我们的朋友，他们亦宁愿听别人讲他们的成就，而不愿听别人吹自己的成就。

与朋友相处的时候，也要少说自己得意的事；应该谦虚，不能自夸。如果你想把朋友化成敌人，你才可处处表示你比他优越；如果你要维持你们的友谊，应该使朋友感觉自己胜过你。这是什么道理呢？因为让朋友胜过我们，那么他得到了荣誉感；反之你若胜过了朋友，将引起他们的自卑感，同时产生猜忌或忌妒心理，导致友情发生变化。

我们要对人谦虚，不能自夸，"满招损，谦受益"。谦逊不仅是一种美德，而且可以使我们受益。有一位杂志的专栏作家李先生，就是一位最懂得谦逊的好处的人。有一次因为涉及一个诉讼案件，对方的律师因为知道他是名作家，所以准备攻击而且嘲弄他，于是问他："李先生，你是当今最享盛名的一位作家，是不是？"李先生十分谦虚地回答："不敢不敢，我徒有虚名，毫无实学。"对方律师见他如此谦虚，也就无法攻击和嘲弄了。由此可见谦虚并不会吃亏。我们只要细细地想一下，就会觉得尽可以让别人去多说话，自己实在没有自夸或多说的必要。

慢点说出自己的意见

在我还没有说明为什么不要指责别人的错处之前，先举一个例子：

有一次我请了一位室内装饰师来为我家里做些窗帘，当账单送来时，我真是吃了一惊。几天以后，一位朋友来看我，看到了这窗帘，提起价钱，她带着得意的声音说："什么？太不像话，我想你可能上了他的当。"真的吗？是真的，她说的是真的，但很少人愿意听反映他判断力的事，所以人的天性使我竭力为自己辩护。我指出它是最好的，而且是最便宜的，当然不能以大减价的价钱去买质地好而又美观的东西，等等。

第二天另一个朋友来，他对窗帘很诚恳地赞美了一番，并且表示亦想做同样的一套。我当时的反应与昨天不同，而且告诉他："说句老实话，我买得太贵，我后悔买了它。"

当我们出现错误时，我们会对自己承认，如果别人以温和的方法来处理，我们亦会对他们认错，甚至觉得爽直坦白很光荣；但别人若硬将不能吃的食物往我们口中塞，我们是决不会咽下去的。

你可以用眼色、声调或态度告诉别人有错误，其效果与用嘴讲出来是一样的。假如你指出了别人的错误，你能使他同意你吗？永不会的，因为你打击了他的智慧、判断力、自尊心，那会使他反击，并且不会使他愿意改变他的心意。你可以引经据典去同他讲道理，但你不能使他改变心意，因为你伤了他的感情。

永远不要说"我要证实这个那个"，那是不好的，这句话等于说"我比你聪明，我要告诉你这个道理，使你明白"。这种话是一种心理的挑战，能引起他人反感，使人在你还没有开始说话就先有一种敌对的心理。即使是在最温和的情况下，尚且难于说服别人，所以，为什么要用这种笨拙的方法呢？

假如你要证实一件事情，使别人明白他的看法是错的，你就要巧妙地去做，使人愿意接受。人们愿意受教导，就像你并不是在教导他们；而且提他们所不知道的，就像他们所忘记了的。

"如果你能比别人聪明，但却不可以告诉别人你比他聪明。"这种类似的格言通常我们都不留意。

也不要谈别人的错处，这样大家都不伤和气。

如果别人说一句话，你以为有错，那么你这样说比较妥当："好了，现在你看我是另一种想法，但我的不见得对。我常有错，假如我是错了，我很愿意改正过来。让我们看看事实如何。"或者"我也许不对，让我们看看事实如何"。

相信任何人决不会反对你说："我也许不对，让我们看看事实如何。"

怎样建立你这样谈话的习惯呢？

你自己要确立一个信念：即使自己的看法绝对正确，也要慢点说出自己的意见，并避免直接与别人意见冲突的事。尤其避免用含有肯定意见的字眼，例如"当然的""无疑的"等等，要改用"我想……""我认为……""可能如此……""目前也许……"等等。

当别人肯定地指出你的错误，决不要冲动地反驳，也不要指出他的看法不近情理。你起先要同意他在某种情况下是这样的看法，不过目前你认为有出入之处，并且谦逊地说出你的见解，这样会使对方更迅速地接受，减少反对。自己有错误时，受辱的情形亦会减少。如果我们是对的，也更容易使他们放弃他们的偏见。

要人同意你，就先尊重别人的意见，切勿指责他是错的。对你的顾客、你的丈夫、你的对头……不可刺激他，说他如何错了，不要伤和气，要用外交手段。

| 第三章 |

高情商语言利于人际交往

口才在处世中起着举足轻重的作用

　　人际交往实际上就是人生生活的磨炼。如果你不会应酬，人们就觉得你像个呆子。所谓应酬，其实也没有什么神秘，那不过是在长期的实际生活中磨炼所获得的经验。我们常见许多人会面的时候，开始像下面类似的对话：甲：哈哈，你好！乙：你好，你很忙吗？哈哈！这样的开场白，看起来相当平淡，似乎没有什么内容，但是，假如你仔细注意一下，他们的实质态度、他们的语调，这哈哈的两声，就是表现着特殊的情感。这情感既不冷淡，也不热烈，而是从生活实践中磨炼出来的世故经验，是一种经验的自然表现。人们所说的阅历、经验就是指这方面应付自如的表现。

　　如果你和人们交往，你在社会上跟一系列的人接触，那么你会衡量别人，别人也会衡量你。不知道你是用什么标准去衡量别人，但是可以明确地对你说别人是如何衡量你的。当每个人第一次见面的时候，他们的头脑中立即出现了一种印象，仔细注意到你的一举一动，注意你的一切，无论你笑一下、走动一下，或是微咳一声，人家都相当注意，当作一种新奇事，从而判断出你是一个怎样的人。你的态度、说话更会表现出你自己是一个怎样的人。

　　有时候，人们在见面时，尤其是第一次会面时，都尽量表现好的一面，掩饰自己平时不足的一面。这样，人们为了要获得比较真实的结果，他便含着微笑，一面用眼光不停地打量着你，一面又委婉地同你交谈：您贵姓？您是……您是……多么有意思！他自然地让你自己招供出来，这里面的答话，就是衡量你的最有效、最方便，同时又最厉害的尺度。如果你能从容不迫地向他还个礼，然后再和蔼地回答他的问话，你做了自我介绍之后，再询问对方的一切，这样，你将被他所重视、所钦敬。在人与人的交往中，有些人老练、持重，有些人轻浮、狡猾，有些人圆滑、冷漠，有些人口是心非，有些人口蜜腹剑，有些人则人情世事什么也不懂。所有这些都是每个人的口才与举动所显示出来的，时间稍长，就全部暴露无遗，是无法掩饰的。

在交往场合里，你若能稍微留心注意，就可以看出来，有的人很会说话，有的人爱听人说话，有的人不爱说话也不听人说话。会说话、爱说话的人，只要你用一两句话挑起话头，他便会一直说下去，你只要具备忍耐的功夫，不管他说得有无趣味，仍能耐心听着，那么他就会大为满意，即使是你一句话也不说，他也会把你作为知己。爱听不爱说的人，这类人对谈话很感兴趣，可是，他却生性不大好说话，但又爱听人家说话，只有到了非不得已时才说上一两句，以少说话为佳的心态来适应社会生活。听话当然较容易，但是说话能说得生动有趣、讨人喜欢却是不容易的事。

你可以从头到尾包办说话的义务，但是，你要牢牢记住：你的说话，是说给别人听的，而不是说给自己听的。因此，说话不在于贪图自己说得痛快，而必须顾全大局，顾及对方的兴趣。由于你的话是专说给别人听，所以你就必须时刻为听者着想，要探听出对方的兴趣所在，而后择其感兴趣的话题展开。别人愿意听你的话，大致是因为你所谈的内容能吸引人，或有价值，或者是在他的心里产生共鸣，或者你的奋斗经验值得注意，或者因你对某些问题有独到的见解，或者是一些特殊新闻。当你了解到对方的兴趣焦点时，你就可以一直说下去。

最好的谈话是有别人的话在里面

交谈中你还应当注意，即使是一个很好的题材，对方也很感兴趣，但是说话时也要适可而止，不可无休无止、说个没完，否则会令人疲倦。说完一个话题之后，应当停一下，让别人发言；若对方没有说话的意思，而整个局面由于你的发言而人心向你，这个时候仍必须由你来支持局面，那么，就必须另找新鲜话题，如此才能引起大家的兴趣并维持轻松活泼的气氛。在谈话当中，对方的发言机会虽被你操纵着，但是，在说话过程中，应容许别人说话，给别人说话的机会，更好的方法是找机会诱导别人说话，这样气氛更浓，大家的兴致更高，朋友之间也更融洽。如说到某一节时可征求别人对该问题的看法，或在讲到某种情形时请他讲述自己的见解，务必使对方不致呆听着，才不失为一个善于说话的人，不失为一个明智的人。如果话题转了两三次，而别人仍没有将说话机会接过去的意思，或没有主动发言的能力，应该设法在适当的时候结束谈话。即使你精神壮态还好，也应该让别人休息。自己包办了大半个发言的机会，是不得已时才偶一为之的方法。千万不要以为别人爱听你说话，或不管别人的兴趣与否随便说下去，那是违背说话艺术之道的。

在社交中，最好的谈话是有别人的话在里面。那种看来不爱说也不爱听的人，常常坐在一个角落里，吸着香烟，当他偶然听见另外一些人哄然大笑时，也照例跟着一笑，但是，这种笑显然是敷衍的，因为那种笑随即就收敛了。他的眼光已经移到窗外的墙壁上或者是移向其他的目标，这种时候他是不会关注你的。你要明白，这类人或因年纪小，或是学问水平较高，而同时在座的其他人比较市井气一点，谈天说地，问题无非是饮食男女、金钱女色，或出语俚俗，言不及义，使较有修养的人望而却步，所以，他才独自躲在一角。只要你知其症结所在，你便可以在几句谈话中探得他的兴趣如何，然后和他谈论下去，这样便很自然地引起谈话内容。只要你恰当地提一些问题，就可以保持一个增长自己学识的机会，他见你谈吐不俗，一定会引你为知己，如此一来，僵局就打开了。年纪较大或较小的一类人，因年龄差距大，社会经历、生活经验不同，因而兴趣不同，趣味也无法相投，所以可以采用上述方法来打开话题。

恭维话也不能说个没完

说话轻声细语，对人恭敬、说话和气，是一种美德。但是，如果不看对象，过度的客气和恭敬，那就是适得其反了。假若你到一个耳朵有毛病的朋友那里，那么就必须与他大声交谈，不然他会造成误会，以为你闷闷不乐，不开口呢。假若你的朋友对你非常客气，你的每一句话，他只有唯唯而答，每当和你聊天时，总是满口客套，唯恐你不喜欢，唯恐得罪你，如此一来，你一定觉得如芒刺背，坐立不安，最后只好不自在地逃出来，如释重负。这样的情形你大概已经历不少了。同时你也得想想，你曾如此待过你的朋友吗？虽然这是客气，但这客气显然是使人痛苦的。"己所不欲，勿施于人"。希望大家谨记此旨。诚然，开头会面时的几句客气话是必要的，但若说个不停，显然是不妥当了、过分了。谈话的目的在于沟通双方的思想、情感。在增加双方的友谊与兴趣时，客气话是横阻在双方中间的墙，如果不把这堵墙搬走，人们只能隔着墙敷衍酬答。

朋友初次会面略微客套后，第二、三次以后的见面就应竭力少用客气话。那些阁下、府上等名词如果一直使用下去，则真挚的友谊也无法建立。客气话说得过多，必将损害轻松的气氛。客气是表示你的恭敬或感激，不是用来敷衍朋友的，这是你要适可而止的原因。多用就流于迂腐，流于浮滑，流于虚伪。有人替你做了一件小小的事情，你说一声谢谢也就够了。说客气话要充满真诚，把平时对朋友的客气话略改为坦率一些，一定可以享受到友谊之乐。像熟背了成语似的、流水般泻出来的客气话，最容易使人生厌。说话态度要温和，不可有急促紧张的状态；说话时要保持身体的均衡，将过度的打躬作揖、摇头摆身，作为辅助你说话的表情是极其不雅观的。

在社交上，缺乏真诚之心、态度刻板的客气话，必不能引起听者的好感。久仰大名、如雷贯耳、贵号生意一定发达兴隆、小弟才疏学浅、请多多指教等等这些缺乏感情的、完全是公式化的恭维客套话，不管从社会生活的现实角度，还是从谈话的艺术观点来看，都没有多大必要，应加以改正。要言之有物，即谈话要有一定的内容。恭维赞美的话还应切合实际，比如到朋友家里，与其乱捧一场，不如赞美他的房子布置得别出心裁或欣赏壁上的一张画或惊叹他栽花很用心。赞美人家最心爱的宠物或费心设计的起居装饰，总比说上许多无谓的、虚泛的客气话要好得多，客人或外人听了也觉得实在。

对于人们给予你的关怀和支持，除了要表示欣喜之外，还要给予相当的感谢或感激。"士为知己者死，女为悦己者容"。古人钟子期死后，伯牙终身不再鼓琴，其感恩知己所以如此之甚者，除了二人有相同的爱好外，还在于钟子期能在他发自内心地给予他真挚的赞美。所以，善于说话的人，每每因一句赞美的话说得恰到好处，自己奠定了一个良好的社交基础。从心底里发出衷心的敬佩别人的话，才有意义，也才有价值。如果对对方不太了解，请你千万不要盲目地恭维，不切实际的恭维容易使人讨厌，也会使人对你产生不良的印象。至于对一些有地位的人，则赞美时所用的字眼应当另加研究。首先，要想到一个名人之所以能够成为名人，一定是他在某一个方面上有特殊的贡献，而在成名之后，恭维他的工作成就的人一定很多，这样积久生厌，你如果依样画葫芦用别人所用的话来恭维，是不会满足他的需要的，他听得太多了、太滥了。

成名的人，对于别人的赞美已成了习惯，你的恭维若不能别出心裁，一定不能打动他。对于这些人，最好还是用工作以外的事情去赞美他，要欣赏他那些不大为别人所知道的，却是他自以为得意的事情。你不要以为是恭维，便可以乱说一通，这可错了。言不由衷的话，很容易闹出笑话，成为把柄。正如你不能随便看见女人就赞美漂亮，如果她明知自己实在是不漂亮时，心里也许会觉得你是在嘲笑她，或挖苦她。同是女人，你应或赞美她漂亮，或说她活泼，或说她苗条，或说她健美，或赞美她的才智、她的聪明与幽默，或恭维她处理家务得井井有条、教育子女有方等，每个人各有各的长处，因此要有选择，分别对待。虽是赞美，恭维话也不能毫无针对性、随意乱说，也不能常用同一个方法，更不能说个没完，滔滔不绝。

谈话中的不同态度

在社交中，有些人不喜欢听取别人的意见，心目中只有自己。而且还自以为比别人高明，事事要占上风，好出风头。对于这类人，即使你有很大的本事，见识比别人高明，也绝对不能使用这种态度。因为你这种做法，根本没有给别人留下一点余地，而采用趾高气扬而又蛮横的方法，往往使别人感到窘迫，便明智地不想同你一般见识。有这种坏习惯的人，所有的朋友和同事肯定没有一个人向你提供意见和看法，更不敢向你进一步提出忠告。人们往往不想接近这类人，有时甚至产生看而生厌的情绪。这类人应当有自知之明，逐渐改变其不良习惯。

你应当明白，在日常的人际交往中，谈论的话题十有八九不是学术性上的问题，或国与国之间的外交上的原则性问题，所以是非标准性的，你的意见和看法并不一定是正确的、合理的，而别人的意见和看法也不一定是错误的、无价值的。何况，平时的交往所说的事是平凡小事，不必费心费时做更多的研究和争辩。我们日常交谈的目的，消遣多于研究，大可以不必认真，大家说说笑笑便行。希望你对别人不要随便说教。即使你的说教有一定的见解，人家也会不愿意接受。说教应当婉转，采用征询的口气说出你的看法、见解，人家才比较容易接受。所以，不要随便摆出架势教导别人。

生活中你的朋友同事帮助你出点子、献计策，你若不能立刻赞成，起码也要表示可以考虑考虑，这种时候，是不应该马上提出反驳的。要是你的朋友和你谈天，你更应当注意，不可太执拗，这样很容易把一切有趣的事情变成无味了。要是真的对方犯了错，又一时不肯接受指正、批评或劝告，应往后退一步，不要急于提出来，隔几天或更长时间再说。否则，若双方都固执己见，不仅不会取得成效，还会造成僵局，伤害双方的感情。

而作为你，也应学谦虚些，不要过于高傲，要随时考虑别人的意见，不要做得太固执，应该让人们觉得你是一个可以说话的人，这样做才合乎情理，表明你是一个很懂得道理的人。

谈话的目的在于知道别人对某一件事情的意见和对世事的看法，以便增加双方的了解，增进朋友之间的友谊，使大家对生活感到乐趣，使大家的感情得到安慰。如果发现意见、看法不一致，双方也能从中得到启发和学习，感到满足。如果听见别人的意见和看法同你一样时，你要立刻表示赞同，不要迟疑。不要认为这样做是为了讨好对方，也不要认为这是随声附和，因此就不出声了。假如不出声，会使人觉得你与对方的意见相反，或者是没有主见。

请客送礼中的语言运用

　　人类社会的人际交往中，避免不了请客送礼。人们借着形形色色的名目，大大小小的圈子，或同学一群，或同事一桌，或至交三二人，聚会一起，共同欢聚畅饮，品尝佳肴珍品，以消除陌生，加强感情，增进协作，传达美意，加深了解，建立相互之间的信任。人类社会对此乐此不疲，古代与现代、外国与中国皆是如此，这真是人类独有的好方法、好主意。因此，名目繁多的大宴小酌统统出笼了，点缀得这个社会，让人们愈来愈沉醉其中。现在的人，大都注重享受，要快乐、要舒适、要交际都到饭店、宾馆、酒楼。若三二至交好友，则到自己家中，当更符合传达美意、加浓情感的要求。家是城堡，哪怕城堡再小、再简陋，对于密友而言，自有其特殊的意义和情调。

　　不过，无论是大宴小酌，在事前都应当作周详的考虑。不能仅有满腔美意，这样才不会有所疏漏，造成反作用，或效果不佳。

　　请亲朋好友吃饭，应当控制在相当的条件下，即指从计划到开始，从开始到结束，都应当在意料之中。切忌力不从心的宴请，诸如宴请未开始自己便先累倒了，或菜式太多太复杂，结果使客人怪不好意思。有的人不顾自己斗室面积小的事实，邀请的客人太多，弄得大家无立足之地，搞得屋子里乱哄哄、热烘烘，使客人心情烦闷，无精打采。宴请时要知道客人的口味、爱好，邀请的陪客也应当有相同的谈话兴趣，至少也必须对主宾没有或矛盾。应当使灯光柔和，不能太亮，使人感到刺目。客人来了之后，应当介绍来宾的姓名、身份、工作，不要随意夸张，不要刻意渲染，必须简要，两三句便可以。当来宾坐下之后，切不要独自和某一个人展开忘我的长谈，必须处理好与众人的关系，不要对这个冷，对那个热。对于那些遭到冷落或接不上嘴的沉默之人，应为其解围，要不露痕迹，使大家在热烈、融洽、友好气氛中得到享受。

当宾客相继回家时，应像迎接他们一样，站立于门口一一握手道别。当大家成群离去时，应送至门口，挥手互道晚安，并致意：感谢各位的光临，谢谢大家把宴会气氛维持得这样好。如果吃完不久客人要走，不要以时间还早挽留客人。如果是星期天或节假日，你尤其不宜说现在还早得很，你不能这么早就走，太不给我面子了。你要知道，大多数客人还有其他事情要做，或是次日早晨要起个大早。而迟迟不愿离去的客人，表明他们喜欢这热闹的气氛，这时你可以停止冲茶水或停止供应糖果，来暗示客人该是离去的时候。假如还不生效，那就可以明白告诉他了：可惜时间太晚了，明天还有工作要做；或者说这几天很忙，困得很；或者说这几天身体不太好，应多休息等；如果是你兴致未尽，那么你自己玩玩，不过我要睡一下，请不要见怪。

作为宾客，也应理解主人的心理，要在适当的时候离开，因为主人也忙碌了相当长一段时间，有些疲劳，要适当休息，使身心恢复到正常状态。

作为宾客，有义务维持宴会的气氛，要使主人信任。你的行为应表现得与宴会协调。假如是你觉得身体不太舒服，这个时候最好掩饰你的不适；如果心情不开朗，你不要皱眉头，最好脸上挂着微笑；如果你确实身体不适，或者心情不开朗，那么你最好带着你的沮丧心情走开吧，以免影响其他人的情绪。你要知道，你不能在宴会上与别人打架，但你也无须什么事都让别人牵着鼻子走。你可以表示相反的意见，只要你不出口伤人或恶言恶语，或进行人身攻击即可。要真诚地表达自己的意见，而不是以你的意见去压制别人的意见。尤其是主人忙得晕头转向、无暇顾及把你介绍给别人时，你应自己把姓名、身份告诉其他人。当你与大家混熟了时，还应当帮助主人招待别的客人。

告别时，如果是女主人，你应向她致谢，如：菜做得可口，或说她做事有条不紊，真诚请教她怎样做某道菜，她会很开心，很愉快。如果是男主人，则最好告诉他你从没有这么自在过，或说你从未参加过这么令人兴奋、陶醉入迷的宴会。

| 第四章 |

高情商交谈玩转各种场合

具备应付自如的口才能力

事业的成功与失败，往往决定于你的口才，决定于你在社会生活中所说的话，有时还会决定于某一次的谈话。这可不是夸张，而是从实际生活的经验总结出来的。富兰克林在自传中有这样一段话：我在约束我自己的言行的时候，在使我日趋成熟、日趋合乎情理的时候，我曾经有一张言行约束检查表。当初那张表上只列着十二项美德，后来，有一位朋友告诉我，我有些骄傲，并经常在谈话中表现出来，使人觉得盛气凌人。于是，我立刻注意到这位友人给我的忠告，我意识到并相信这足以影响我的发展前途。随后我在表上特别注明"虚心"一项，专门注意我所说的话，我决定竭力避免一切直接触犯、伤害别人情感的话，甚至自我禁止使用一切确定的词句，如"当然""一定"等，而用"也许""我想"来代替。说话和事业的关系，是成功与失败的关系。你如出言不逊，如跟别人争辩，那么，你将不可能获得别人的同情、别人的合作、别人的帮助、别人的支持、别人的赞赏。这是千真万确的。一个人的事业成败，常会在一次谈话中获得效果，常会在日常的谈话中取得印证。你想获得事业上的成功，必须具备应付自如的口才能力。

在事业上，有些谈话是比较严肃的。谈话的目的，不只是一种社交上的需要，也不只是互相认识一下，互相了解一下。例如：你要找一位朋友，请他参加一个活动、一个团体组织，或是一项社会福利工作，或者是一位医生解决一个医疗问题，或是买卖双方生意上的谈判等等这一类的谈话，究竟和一般社交性质的谈话有什么不同呢？这方面的内容，二者是一样的：只要你具有一般的谈话能力，能够适应对方，尽可能地了解对方的特点，你表现出感兴趣，态度友好而又真诚等。有些地方却是不同的，即这类谈话每次都有特殊的目的，都有一个不尽相同的内容。

做一个讨人喜欢的人

要使别人瞧得起自己，先要自己瞧得起自己。无论目前生活如何困难，决不可露出乞怜的样子。你可以谦逊，但不可谄媚。当别人要听你发表一点意见的时候，应该加以考虑，而不是以自诩高见的态度说出。不可只是唯唯诺诺，使人觉得你一无动人之处。发表意见时不可肆意批评别人，也不可告诉他人曾经对你说过的计划，或说你的计划一定成功。如果你是雇员的话，不要随意透露公司经营情况。对于自己的能力也不要自夸，得失应该让别人去评判。自夸的人必然带着固执，这种态度只会使人厌恶。去拜访一个人时，把目的简单地说出来之后，就不要再长坐下去，即使环境许可，你也不要逗留太久。

不能肯定的答案，不要勉强做出回答，要用时间多做考虑。如果是招工应试，问答中只要让雇主知道你的目的、你的能力、你的程度和你最低限度的报酬。以后的事，就让对方从容处置，不可啰唆地纠缠下去，使雇主反感。那些讨人喜欢的人，必定有使人喜欢的长处，也只有这种人，才易于使人替他给予介绍和帮助。

据说，有一个对商业广告极有研究的人，他在没有机会中创造机会，他带着求职的目的去拜访一个大公司的经理。会面以后他始终没有把谋职的意思说出，他和经理谈天，在巧妙的谈话中尽量把广告对于商业的重要性和其运用的方法说出来，他举了许许多多有力的例子。他丰富的知识、经验的积累，在谈话中引起了经理的兴趣和赏识。虽然他没有说出谋职，经理却主动请他替公司设计广告。他的目的达到了，这就是仅凭一席话给自己创造机会的人。他有才干、有心计，晓得怎样用巧妙的谈话去找到发展他才干的职位。另外，有一位青年应征一间火柴厂的职位，他对于这方面的知识是外行，但为了去应征，谋得一个职务，他预先调查了国内火柴厂的出品数量和销售情况、外国火柴厂在国内市场上的地位以及各种火柴厂出品质量、包装的比较，与各厂家竞争的营业情况等等。当他前去应征时，他对于此业的研究广博使主持者大感兴趣，在众多应征者中他俨如一朵奇葩，结果是不消说的，机会自然是给他夺去了。

应征工作的晤谈所需要的是态度冷静，谋取工作的关键在于你究竟多想谋取工作，应征工作的晤谈最重要的是表示自己占有的资料和能力，不过，打肿脸充胖子的行为是不宜的，只能瞒骗一时。如果应征的晤谈令你胆战心惊，那也许是你深深地明白自己肚子里究竟有几滴墨水的缘故。工作晤谈不是社交拜会，不宜摆出一副安逸的态度，谈话应在一定的范围内，不要谈办公室的陈设，不要谈对方的装束，不要乱搭腔。应征晤谈时间有一定的限制，你必须把你的资格和能力浓缩在一个很短时间内交代清楚，所以，准时就是你所受训练、教育及能力的最佳证明。

在工作上，要能胜任，并愉快工作。不要摆一副冷面孔，尽量减少情绪上的困扰，不要做一切不符合实际的空想。谈谈工作上所需要的知识，谈谈工作上的经验，要诚心诚意，不要存在任何的成见。在一起工作的人，必须彼此互相敬重，互相关心，注意礼貌，语气温和。如果有谁不想和人说话的时候，大家必须尊重他不说话的权利，也可以用关心的口气探询今天怎么不说话，有什么困难或者忧虑。大家在集团的团队精神的表现上尤应高昂，当某一个人略显口吃或慌张的样子，其他的人即要开口为他解围，适时掩饰他的词穷。不在工作场合卖弄风情，不在工作之时谈论同仁的私生活，这样做有助于你工作关系的维系和建立。

良好的口才需要训练

要想有良好的口才，首先要有正确的发音，每个字都必须咬字清晰，发音清楚。清楚的发音可以依赖平时的练习，注意别人的谈话，多读些书报，听听收音机，看电视新闻广播，这些均能帮助你正确发音。在说话的时候，句子要说得明白易懂，尽可能避免采用艰涩词句。别以为说话时用语艰深，就能显示你有学问、有魄力，其实，这样的语言不但会使人听不懂，而且容易弄巧成拙，还会引起别人的怀疑，以为你是在故弄玄虚。当然，良好的语言风格，应该是用顺口、易懂、大方、简练的语句，而且要有丰富的词汇，可以应付说话的需要，使内容通俗易懂、扣人心弦。

说话的速度不宜太快，亦不能慢条斯理。说话太快使听者不易了解意思，难以对答，而且自己也容易疲倦。有些人以为说话快些可以节省时间，其实说话的目的在于使人家了解、领悟你的意思。此外，不管是讲话的人，或者是听者，都必须运用思想，否则，不能确切把握话中之内容。当然，说话太慢也使人难受，一方面浪费时间，另一方面会使听者不耐烦。

说话也是有诀窍的

说话是一种艺术，但也是有诀窍的，我们必须认清这种巧妙的方法，然后才能获得成功。在说话的时候要认清对方，考虑听者的反应，坦白直率，细心谨慎，说话时间不宜太长，一人说到底，说话的时候不可唯我独尊、把大家排除在外，因为我们说话的目的是说明一些事情，使人发生兴趣。所以，说话要清晰，要明白，要坦率，要易懂。

信口开河，瞎编乱造，无中生有，造谣中伤，放连珠炮，都是不好的说话方式，是有损自己人格的行为，是不负责任的说话方法。信口开河并不表示你很会说话，相反证明你的说话缺乏真实性、可靠性，是没有诚意、不负责任的。瞎编乱造、无中生有，是虚伪的人，非常缺德，没有同情心。放连珠炮，那只有使人厌烦，如果你一开口，别人就没有机会启齿，结果必定是自讨没趣。

在公共场合说话，你要顾虑到别人的安宁，声音不要太大。假如你是对公众演说，则要注意自己说话声音是否能使每一个人都听得到。形容一件事，或者一个人，都必须恰到好处，过犹不及，别以为夸大其词可以收到预期的效果；相反的，言过其实，必定会使人觉得你言而不实，受人轻视。

优美的语言包括正确的发音、适中的速度、丰富的词汇、清晰的语句，语句中略含幽默，良好的表情、姿态等各个方面，所有这些都可以靠学习和锻炼达到。

著名书画大师唐伯虎，很看不起在他家对门的一户人家，因为那家人并不是世代书香门第，只是在半途上发迹。他们家里有一位母亲和五个儿子。有一天，这五个儿子为向母亲祝福，亲朋好友聚集，热闹非凡。只因不是书香人家，在这祝福之中少有文墨的点缀，未免美中不足。这时候，大家想起了对门的唐伯虎是一位人才，如果能够有他在这里书赠一些什么，那一定可以增光不少。正在这样想的时候，唐伯虎居然备了一些薄礼，前来庆寿。这户人家的主人自然是十分高兴，亲朋好友也惊喜万分。席间，大家请唐伯虎题诗，唐伯虎毫不推辞，立即拿起笔来。第一句是"对门老妪不是人"，第二句尚未写下，主人亲朋个个都怒目而视，因为今天祝福生日，大家应该十分高兴，说吉利话才对。现在，唐伯虎的题诗竟骂起人来，这怎么不叫人愤怒呢？因为他是有名望的才子，所以大家只是怒目而视，不敢以非礼举动对他。大家还是暂时忍耐着，预备看他下一句怎样骂法，然后再来发作，唐伯虎这时感觉到大家的怒火立刻要爆炸了，因此，他又写"天上神仙来下凡"，这一来，又把大家的情绪缓和了下来。大家都觉得这真是一位才子，用骂人的口吻，写出了两句极好的祝福诗。唐伯虎并不是真心来祝寿，他是要来骂一下那位寿婆，这才是他的真心。可是，他看了周围环境，知道骂了人不会有好处，所以虽然脱口骂了出来，还是立刻改变了口吻，使已经骂出的话也成为不是骂人的话，这灵敏的手腕便是顾虑到别人的反应了。

言语是行为的影子

你觉得一个人多说话好呢，还是沉默好呢？按说话是铁、沉默是金的说法，那便是沉默比多话好。人之言语便是他行为的影子，我们常因言多而伤人，言语伤人胜于刀枪刀伤，舌伤难痊。

一个冷静的倾听者，不但受人欢迎，且会逐渐知道许多事情。而一个喋喋不休者，像一只漏水的船，每一个搭客都赶快逃离它。同时，多说招怨，瞎说惹祸。正所谓言多必失，多言多败。只有沉默，才不至于被出卖。保持沉默便是保持不伤人。

一个说话极随便的人，一定没有责任心。话多不如话少，话少不如话好，多言不如多知，即使千言万语，也不及一件事实留下的印象深刻。多言是虚浮的象征，因为口头慷慨的人，行动一定吝啬。有道德的人，绝不泛言、有信义者，必不多言；有才谋者，不必多言。多言取厌，虚言取薄，轻言取侮，唯有保持适当的缄默，才是最好的应对之道。

我们说话绝对要适量，无把握的事不要乱开口，尤其当有比我们有经验的人在座时，如果我们多说了，便是不打自招，曝露了自己的弱点及愚蠢，并失去了一个获得智慧及经验的机会。

一个人说得少而且说得好，便可视为绅士。因此，在我们的人生中，有两种训练是不可少的，那就是沉默与优美而文雅的谈吐。如果我们没有机智的谈吐，又不会适时沉默，将是很大的缺憾。我们常因话说太多而后悔，所以，当你对某事没有深刻了解时，最好还是保持沉默吧！

少说话固然是美德，但是，人既在社会中行走，就应该说话，不然不如成为哑巴。既然要说话，怎样说才好呢？则此中艺术不可不研究了。所以在任何地方和场合最好能少说话，要说话则说自己经历过的感慨之话，说心灵深处的衷心之话，说自己有把握的话，说能够启迪人的话，说能警戒人的话，说能教育人的话，说能温暖人的话，说能使人排忧解难的话。努力做到无话不要说，恶言恶语不要说，伤情感的话不要说，造谣中伤的话不要说，粗言腐语不要说。

若是非说不可，那么你所说的内容、意义、措辞、声音、姿势都不可不加以注意，什么场合应该说什么、怎样说，都应加以研究。无论是探讨学问、接洽生意还是交际应酬、娱乐消遣时，种种从我们口里说出的话，一定要有中心，要具体、生动。不鸣则已，一鸣惊人，我们虽未必能达到这个境界，但我们只要朝这个目标走去，是会有发展、有收获的。必须知道，为了使你的话令人重视，不使人讨厌，唯一的秘诀是说适量的话、恰当的话，这样能使你静静地思索，使你说出来的话更精彩、更动人。

做一个耐心的听者是谈话艺术中一项重要的条件。因为能静坐聆听别人意见的人，必定是一个富于思想、具有谦虚柔和性格的人，这种人在人群之中，最先也许不大受人注意，但最后则是最受人尊敬的。因为他虚心，所以为任何人所喜悦；因为他善于思考，所以被众人尊敬。那么，怎样做一个良好的听者呢？第一要专注，别人和你谈话的时候，眼睛要注视着他，无论对你说话的人地位比你高或低，眼睛注视着他是一件必要的事情，只有虚浮、缺乏勇气或态度傲慢的人才不去正视别人。别人对你说话时，不可做一些绝无必要的工作，这是不恭敬的表现，而且，当他偶然问你一些什么时，你会因为没有留心而答非所问。其次，倾听别人的话时，偶然插上一两句合适的话是很好的，不完全明白时加上一句问话也是非常需要的，因为这样做表示对他的话留心，但不可把发言的机会抢过来，滔滔不绝地说自己的。除非对方的话已告一段落，你才可以把说话接下去，或让你说话的时候才可以这样做。另外，无论他人说什么话，最好不要过于随便纠正他的错误。如果要提出意见或批评，要讲究时机和态度，不要太莽撞，不讲究方式和方法，无疑会将好事变成坏事。

有些人常喜欢把一件已经对你说过好几次的事情一说再说，这一定是深埋在他心里最难忘的事情：或比较得意，令他高兴；或者比较伤心，令他不快。也有些人会把一个笑话说了几次还当新鲜的东西，在这种情况下，作为听者的你，要练习一种忍耐的美德。你不能对他说："这事你已经对我说过好几遍了。"这样会伤及他的尊严，你唯一应该做的事是耐心听下去。你这时应该明白他是一个记忆力不好的人，你应该同情他，而且他对你说是表示对你的好感和信任，那么你应该同样用诚意来接受他的善意。但如果说话的人滔滔不绝，而你又毫无兴趣，你应该用更好的方法来使他停止这乏味的问题，但最重要的是不可伤害他的自尊、尊严。最好的方法是巧妙地引开他的话题，而谈别的话题，这个话题最好是他所内行的或是所喜欢的题目。

| 第五章 |

高情商谈吐让人心情愉悦

没有两个人的脾气会完全相同

　　天性、环境、教育的不同，使每个人都具有不同的脾气。有的人随着天赋本能地发展，有的人对天性加以悉心地培养，所以，没有两个人的脾气会完全相同。

　　处世待人，只知道一般人的共同心理是不够的，应要深入研究各人特具的脾气才行。

　　人的脾气分析起来错综复杂，不过，心理学家根据心理倾向，把个性分为内向和外向两大类。

　　什么是内向呢？内向是比较静默一点的人，喜欢把自己的思虑和情绪向内观看。诗人、音乐家一类的人便属于这种类型。至于外向，是指那些好动的人，不注意自己的内省行为，一味侧重对外的表现。我们常称为精明能干的那些人，例如决断干脆的经理、口齿伶俐的推销员，就属于这一类型。

　　内向的人的特征，是不爱多谈话，即使说起话来，也是正经的、从来不敷衍，就是得罪他人也是在所不惜。容易受窘，行动往往不很矫捷，写出来的东西比嘴里说的要流利，这种人意志容易动摇。

　　明白了内向的人的特征，对待这种类型的朋友，就得迎合他的心理去应对，例如他是不苟言笑的，那么就不要经常和他说笑话，相反地应该多跟他说些正经事。如果是容易发窘，你就不必当着大庭广众替他介绍。如果他是喜欢人们鼓励和嘉奖的人，你对他的赞赏，一定可以得到他的好感。如果他好静而不好动，那么不要要求他活跃。朋友不喜欢听人指挥的，你也别用命令的口气去使唤他。

现在，你明白了内向的人的个性，接下来我们谈谈外向型的个性，先来看看外向的人的特征是什么。

这种人时常放声大笑，落落大方，动作迅速敏捷，说话流利，不在意小节，喜欢交朋友，而且朋友也愿意和他接近。较有气度，有坚毅的判断力，一经决定之后，不会随便改变宗旨，这种人很少忧虑，常是愉快地生活着。还有的喜欢表现自己，喜爱运动。

应付外向的人，只要了解他的个性，便很容易同他交往。

同这种人交往，切忌下面几点：不要在见面时挂着沮丧的表情；不可迟疑不决，他有事请求你，你要立刻给予答复，切莫支支吾吾；你不要表现出气度狭小让他感到不悦；谈话也要干脆爽直，避免唠唠叨叨。

机智和幽默会带给人们欢悦

《圣经》上有这么一句话："人们有一个快乐的心，胜于怀藏着一只药囊，可以治疗心理上的百病。"

机智和幽默如果运用得适当，可以带给人们欢悦，遇事化险为夷。

机智是以智力为根据，凭着机智可以把通常不相关的事情巧妙地连在一起。它可以在文句上搬弄花样，但是不一定会叫人发笑。

至于幽默。幽默所构成的条件，并不是字眼方面的玄虚，所谓幽默乃是得体的自我玩笑。譬如，一个人头上戴着呢帽，鼻梁上架了眼镜，走起路来神气活现，不料正在自鸣得意的时候，脚底下踏了一块香蕉皮，一跤滑倒，两脚朝天，这样的事情当然是可笑的。因为他本来的威风和跌了一跤后的狼狈形成了对比。反过来说，他如果是个衣衫褴褛的穷人，一副可怜相，跌了一跤也不致引起他人注意，因此也无所谓可笑。

幽默与机智在交际上可以压倒别人，显出你的聪明之处；也可以鼓起他人的兴致，缓和紧张的局面，使大家欢乐。

用机智和幽默去鼓起他人的兴致，别人将对你十分感激，你说一句笑话可以像一缕阳光似地驱散重重的乌云，一切的怀疑、郁闷、恐惧都会在一句恰当的笑话中消散无踪。

机智运用得法，可以使一个敌对的人哑口无言，也许还可以解除尴尬的局面，赢得别人的鼓掌喝彩。

我举一则有名的笑话，足以看出幽默大师马克·吐温的机智。马克·吐温去拜访法国名人波盖，波盖取笑美国历史很短："美国人无事的时候，往往爱想念他的祖宗，可是一想到他的祖父那一代，便不能不停止了。"马克·吐温便以充满诙谐的语句说："当法国人无事的时候，总是尽力想找出究竟谁是他的父亲。"

这一类的机智是危险的，不是一般人所能使用，因为它可以把一粒星火煽成白热的怒焰，你和对方争辩的结果不是你全面得胜，就是一败涂地，所以，除非是必要的，不要随便对别人使用。

幽默是有区别的，有些文雅，有些高尚，有些低级。低级的幽默形同讥笑，往往一句普通的讥讽话会使人当场丢脸，反目不悦。所以说幽默的话应该使它高尚、斯文才好。

一味地说俏皮话，无限制的幽默，其结果反会不幽默的。譬如，你把一个笑话反复讲了三遍、五遍，起初人家还以为你很风趣，到后来听厌了，便不会再感兴趣。

说笑话也要注意，有时也会使人不高兴的，要看你选择的时机是否合适。譬如大家聚精会神在研究一个问题，你忽然在这里插进一句全无关系的笑话进去，则不但不能使人不发笑，也许还会自讨没趣。

如果你的幽默含着批评意味，带着恶意的攻击，挖苦别人丑陋的事情，这些话还是不说为妙。

吹牛本身不一定是件坏事

吹牛应该算是一项事业。人类产生了语言，特别是将语言运用于社会交往之后，吹牛就很难避免了。用令人吃惊的描述把自己的能力与经历渲染到离奇、怪诞甚至悲壮的程度，叫做"吹"。而所吹之事远离实际情形，便是"牛"了。

"吹牛"，一般人总以为很简单，因为人人都会吹牛，连那些两三岁聪明的小孩子，有时也会躲在父母怀里天真地吹一阵牛。其实，吹牛的艺术有高低，吹牛吹得好，非要有本领不可。

吹牛也包括很多意思：凡是自己表现得与众不同的地方，就将其放大，这就是吹牛；凡是把自己碰到的倒霉事都推给别人的，也是一种吹牛的方式。

一个人要适当地奉承一下别人，适当地吹嘘一下自己，但一定要适可而止，不要吹破了。

有些话，只能说别人而不能说自己。比如，说别人"你是最棒的"，没关系；说"我是最棒的"，那你就完了。

红花要有绿叶配，自吹自擂毫无作用。有些话，别人说可以，自己打死了也不能说，说了只有反效果。

一个会吹捧自己的人，往往通过自己的好朋友来达到目的。

诸葛亮从来没说过自己料事如神，都是他的朋友帮忙宣传的。一个人要自己吹嘘自己，就说明他连一个朋友都没有。

吹牛，一定要预计好程度，过头了就会产生反效果。

如果你到别人家里，主人请你吃饭，你就不要老谈自己的事情，那表示你目中无人。

吃饭的时候最起码讲两句恭维话："哎呀，我本来是来谈事情的，想不到让嫂子多劳了。"这样，女主人就很开心。

如果你说："这个菜太好吃了，在饭店绝对吃不到。"这就有点像挖苦了。有时候，恭维话说得太过分，就会变成挖苦。

现在很多人一看到男的就喊"帅哥"，看到女的就喊"美女"，那就表示中国没有帅哥和美女。本来一个人长得不错，你说她美若天仙，那别人看了，会觉得不过如此。这就是期望太高产生的心理落差。

我们捧别人，要捧到大家都不会感觉到难过；捧自己，要使自己能够被别人所接受。

吹牛要适可而止，吹过头了，"牛皮"就会破掉。不要动不动就给自己加个"最"字，这种"牛皮"最容易戳破。

低俗的吹牛人只在吹自己，高级的吹牛家则能给人带来愉悦。

相声大师马三立先生说"我"的一次唱戏经历：坐票卖净了，就卖趴票（趴在地上听戏，抽空抬头叫一声好），然后卖挂票——把观众用滑轮吊到墙上，连绳子带钉子多收两毛四分钱。即便荒诞如此，马先生仍冷峻地、面无表情地把这一幽默效果推向极致。

任何事做到极致就是精品，做到极致，就有了大境界。

在生意场中，常见到用吹牛来扩大声势，尤其是广告业、传播业、律师业等等。许多执业不久的年轻律师，大都曾在事务所等主顾到来，但一有主顾上门来，他立即摆出架子，叫上门来的当事人在外面等，隔了许久，才捧着一大沓卷宗出去见面，装出自己忙于业务的样子，这不是吹牛吗？

但吹牛最要紧的是注意态度。何时何地该怎样吹，以及什么可以吹，什么不可以吹，都要慎重才是。

在玩纸牌时，简直非吹牛不可。拿到点子小的人，要别人信以为点数大，全靠吹的效力。可是吹牛也要遵守规则，时常吹是不会完全奏效的，十盘中有六次吹，对方很难捉摸你是吹与不吹；十盘中你吹了六盘以上，你的吹与不吹便易于被他方猜着了。

急于求胜的人，容易大吹特吹。冒险尝试，最易输牌，审慎而不常吹牛的人，输牌反而较少。

以上的原则不限于玩牌，在人与人之间相互斗智的方法上也可适用。同时，吹牛而不违反道德原则也是绝对的，换言之，吹牛并非就是欺骗或谎言。请注意下面六条规则：

（1）不必要的时候，不要去乱吹。

（2）不要时常去吹。

（3）最好在你要吹之前，让对方先表明态度。

（4）对于自己的地位，要绝对表示自信。

（5）不要吹得过度。

（6）不要自己打自己的嘴巴。

这些规则你一定要切实遵守。在此我们就取第三条规则举一个例子：

先让对方表明他自己，意思也就是商人讲价钱时所用的技术，你如果先还了价，其结果当然不能再超出你自己的底线。我有一个朋友黄君，设计了一个新的仪器得到了 10 年的专利权，他告诉我最近把专利权卖给一家公司的情形。

"我决定 5 万元卖掉我的专利权。我认为这个价钱适当，但是我急着用钱，所以心里想若是便宜一些也无妨。

"后来经理问我：'你把这项专利出卖，你觉得多少钱合适？'

"我的回答是：'我不知道你们多少钱才要，请你讲个数目来听听好吗？'

"他把两只食指交叉，说：'10 万元如何？'示意略加一点亦不妨。"

由此可见，在你未吹之前，先让他人表示，对你是多么有利。

吹牛的技巧、运用之妙存乎一心。吹牛极需要勇气，胆小和懦弱者是不能吹牛的。不过，尽管你吹牛的本领高强，却不可让人家知道你会吹牛。不然，以后人家会因而看轻你的真才实学啊！

拒绝的技巧

如果在你工作时间，或是在你正想休息一下的时候，却有一个人前来缠住你，唠叨不休地向你借钱，要求你帮助谋事，一定要你答允他频频的要求或买他的东西，你会觉得痛苦吗？

对于这样的事情，人们最是觉得头痛，当然读者也不会两样。但是有没有办法避免这些多余的困扰呢？这就要有婉言拒绝的本领了。

拒绝人也是有秘诀的，拒绝得法，对方便心服情愿；如果拒绝不得法，一定使人对你不满，甚至怀恨你、仇视你。

下面我们来研究拒绝的技巧：

一位朋友曾经告诉我一件事，他说：

"近来有许多推销员，登堂入室兜售物品。这些人口齿伶俐，将你纠缠不休，每个人都有一套使你非买下他们东西不可的本领。我对这帮人实在觉得应付不了。"

"你可以拒绝啊！"我插嘴说。

"拒绝也不是一件容易的事啊。"他说，"那些推销员全不把你的拒绝放在心上，他们有一套手腕激起你的兴趣，吸引你注意，压服你反对，挑动你的欲望，使你终于买下他的东西，许多人因为不知道怎样拒绝，结果只好答应。"

这位朋友的话也许过分夸张了些。我想，如果被那些推销员所困扰，你坚决说个"不"字，他们是毫无办法的，这难道不是简单的办法吗？

其实不然。虽然你硬着头皮说"不"字，有时却会有料想不到的结果。有一次，一个保险公司的所谓"访问员"到我办公室来兜售生意，一上午整整谈了两个钟头，结果我坚决用"不"字来拒绝，他只好怏怏退出了。

几天之后有朋友告诉我，一位胖胖的年轻人在外面口口声声破坏我的声誉。我惊奇得很，因为在私人方面或生意场中我并无仇人。直到后来他说那青年的下巴有颗痣，我才恍悟——正是那天被我拒绝的推销员。

拒绝人家不得方法，实在太危险了。例如一个行为不良的朋友来向你借钱，你知道如果借给他便是肉包子打狗一去不回头；一个相熟的商人向你出售物品，你明知买下了就要亏本，诸如此类的事你必定加以拒绝，可是拒绝之后，就要断绝交情，引人恶感，被人误会，甚至种下仇恨的种子。

要避免这种情形发生，唯一的方法便是运用聪颖的智慧。学习这种拒绝的方法，要注意下列规则：

你应该向对方解释自己拒绝的理由。

拒绝的言辞最好坚决果断，不可游移。

不要把责任全推在人家身上，含糊其词。

注意不伤害他人自尊心，否则对方定迁怒于你。

让对方明白你的拒绝出于万不得已，很是抱歉。

有时为了拒绝人家，可以含糊其辞地推托："对不起，这件事我实在不能决定，我必须去问问我的父母。"或是："让我和内子商量商量，决定了再答复你吧。"

但这种方法太不干脆了。有人会认为是解围的好方法，既不伤害朋友情感，而且可以使朋友体谅你的难处。但是这种敷衍的结果，对方还会再三再四地来纠缠你。总有一天他会发觉这是你不干脆的拒绝的方式，以前的话全是托词、敷衍、骗人，因此对你充满怨恨，而且你也暴露了你的弱点：懦弱和虚伪。

如果换一个情况，你的上司或主管因一项措施征求你的意见，你基于责任的关系必须反对或拒绝，又该如何应对？

下面我举一个例子：

美国一家贸易公司的经理设计了一个商标，开会征求各部门的意见。

经理报告说："这个商标主题是旭日，象征希望和光明。同时，这个旭日很像日本的国徽，他们国内人民见了一定乐于购买我们的产品。"

然后他征求各部门主任的意见。营业主任和广告主任都极力恭维经理构想正确。最后轮到代理出口部主任出席的青年职员表达意见，他说："我不同意使用这个商标。"全室的人都瞪大眼睛看着他。

"怎么？你不喜欢这个设计？"经理吃惊地问他。

"我倒不是不喜欢这个商标。"青年勇敢地回答。其实从艺术观点来说他的确是有点讨厌那红圈圈，他明白和经理辩论审美力是得不到什么效果的，所以他只说："我恐怕它太好。"

经理笑了起来："这话倒使我不懂，你解释看看。"

"这个设计鲜明而生动自然毫无疑问，因为与日本的国徽相似，无论哪个日本人都会喜欢的。"

"是啊，我的意思正是如此。"经理不耐烦地说。

"然而我们在远东还有一个重要的市场，那就是中国，中国人看这个商标，也未必不会想到这是日本的国徽，即使日本人果然喜爱这个商标，可是中国人却不会产生好感的，也就是说他们不愿意买我们的东西。在中国不就无销路了吗？照本公司的营业计划，是要扩充对华贸易的，但这样一个商标做成之后，结果必然是顾此而失彼了。"

"天哪！我倒没有想到这一层，你的话对极了！"经理几乎叫了起来。

这位青年如果也和其他人一样对经理唯命是从，把旭日做成商标，将来产品销到远东之后，中国方面的营业报告一到，生意清淡，存货退回，那时假使明白不能销售的原因是因为商标问题，代替出口部主任出席那次会议的这位青年能摆脱责任吗？

要向一位有权威的人表示反对或拒绝，你必须要有充分的理由，更要说得使他完全信服，不过技巧的运用不能不讲究。你看，上例中那位青年一句"我恐怕它太好"，一句恭维话先避免了经理的不悦，同时也不使他失了体面。后来他陈述了更充分的理由，经理也不会因此而觉得难堪。

记住：不要损伤了他人的自尊心，不要使他人感觉屈服或难堪。你虽然拒绝了他，还是让他自己依然自满和得意吧。

用理论的方式去打动别人

说话难免有议论。但是，议论时如果引起争执，是会影响感情的。我们常见父子失和、夫妻反目、朋友绝交等现象，起因不外是因为几句话讲得不投机。

如果要说动一个人，就得从打动他的情感着手，有时也可以直接用议论的方式使别人受你影响。用理论的方式去打动别人，比用感情更为重要，尤其是下面四种情形：

当对方对你的主张已经发生兴趣的时候；

当你要把一个新奇的意见展开来和朋友讨论时；

一个问题相当重要，用情感不足表达的时候；

要显示出谁是谁非的时候，非采用议论不可。

例如：一个保险公司的职员用技巧使一个主顾知道自己应该投保寿险，他在情感方面已用了极大的煽动，接下去应说点生意经，谈到保险的长处。这时候把各种理论一齐搬出来，说服对方，那么一笔生意便十拿九稳了。

再如：有一群工程师，在商讨架设桥梁的问题，希望能讨论出应该把桥基设在哪里，这时所注意的全是事实——基柱在哪一处比较合适呢？如果你也是工程师之一，要发表你的主张，必须用理论说明你的道理方可获得人家的赞同，在这里，是不必用到情感的。

说到这里，也许你有疑问：从上面例子看来，在谈话之中情感不是没有用了吗？有时虽然非着重理论不可，但在某种情况下，理论也会多余。什么时候呢？就是事情已经到了绝望的地步了。你看：

"兰妹，你一定很爱我的，是吗?"

一个青年问他的情人。

"当然是的。"女的回答。

"你知道我也是爱你的，是吗?"

"当然是的。"

"那很好，我现在有个消息告诉你，我已得到一笔百万的遗产了。"

"这真是天大的好消息。"

"兰妹，我和你明天结婚好吗?"

"这可不行，因为昨天我已经同小吴结婚了。"

如果换作你，这时该怎么办？虽然那位情郎尽量提出心理上、经济上等种种理由来向他的爱人求婚，但事情已经绝望了，理论便毫无用处了。

又如，合同已经签订，你想再要降低价格也无用了。激烈的一仗打下来，你的军队从前方溃退下来，再想增援去洗刷战败的耻辱已来不及了。

还有一种人，常爱在你的长篇大论之中找些他认为是错的地方。这种人是所谓吹毛求疵的。你如果遇到这种人，即使向他辩明你的理论正确，用合乎逻辑的方法去证明，他仍会以为你的见解是错误的。

当你要向一个人用理论的时候，最好在事前先经一番思考，决定你有无跟他理论的必要，同时，也要观察对方是不是可拿理论去说服的人。

要你的理论得到胜利，必须要注意到言词清楚、简单、锋利，那才是获得理论上胜利的条件，非要加以注意不可。

这几个条件之中，"清楚"最为要紧。因为对方如果听不懂你的话是什么意思，就根本谈不到使他信服。你要具备清楚的头脑，你的理论才能清楚。

其次简单也很重要，要节省自己和你的听众的时间，在你的陈述中，把握时间说明每一个要点。

什么是锋利呢？就是把握住了要点去理论，使别人无暇思考如何反驳你。每一个句子、每一个字眼都发挥它的效用，这样才能使对方的注意力集中，以免其他无关的话题进入他的脑海，从而引起他意外的反应。

当然，你的说法要动听。否则你的理论便不能达到使人信服的目的，你还得随时检讨自己的理论是否合乎逻辑。

与地位高的人交谈

这里谈谈，与上司和那些社会地位比我们高的人如何交谈。

跟一般人谈得来固然很好，谈不来，也不会对你的生活有多大的影响。可是跟你的上司谈话成功或失败，不只影响他对你的观感，而且也影响到你的职业与工作。

在事务上和社交场合，最容易使我们紧张的就是与那些地位在我们之上的人们交谈了。

这些人，我们的前途都由他们掌握着，他可以让我们通过，也可以不让我们通过。特别在那些制度不健全的机构里，人事的影响常常是低级职员整天伤脑筋的难题。

不过单从"口才"这个角度看去，传统的对上司一味奉承和附和的办法并不能给你的上司良好的印象。因为你首先就把自己的人格降低了，你不能用这种卑微的身份换取你上司的重视与尊敬。

我个人的主张，同时也是我个人的做法——对我们的上司绝不采取"叩头"的政策。不要被他的地位或威权所吓倒，以为我们除了谄媚的驯服之外，什么也不能做。自然，我们也不必特意地表示"不在乎"的样子。

我们保持自己独立的人格，并不妨碍我们对他的尊敬。我们对上级的意见自然应该加以重视，因为他们在事务与工作上负着领导的责任。而且，他们在学识与办事经验上也较我们丰富。但是，在必要的场合，我们也不要害怕表示自己与他们不同的观点。只要我们的态度是有礼貌、谦恭的，诚实地说出自己的看法，反而比一味奉承谄媚、随声附和更能得到对方的重视。

要知道，他即使是一个很喜欢在下属面前摆架子的人，但同时，为他的事业上的利益打算，比起那些司空见惯的应声虫，他更需要一些有见地的忠实可靠的助手。一味奉承和随声附和实在是一种不老实的行为，严格说起来，是一种欺骗，对业务可能带来巨大的损害。如果他是一位有才能的人，他一定深知这一点。如果他是一个昏庸的人，那他就像一个喝醉酒的船长一样，你对他一味奉承和随声附和，也一样不能保证你的安全。一切昏庸腐朽的人物与制度，就像船只在一个醉酒的船长的指挥之下航行一样，它的颠覆是迟早的事。如果你有足够的聪明与相当的才能，赶快及时地另外寻找一个值得你贡献精力与才智的地方吧。

同时有一点你也应该知道：不要把你的上司只当作是你的上司。要记住，他除了是你的上司之外，同时还是一个人。

作为一个人，他也同你一样，需要和朋友们谈谈各式各样的问题。如果你能够使他相信你并没有打算通过一种私人的关系来影响职务上的决定，他或许也很愿意把你当作一个朋友，和你谈谈他的孩子，或是周末如何消遣的话题。

也有一种开明的上司，他能平易近人地主动跟下属接近，用种种方法消除下属对他的畏惧与隔膜，鼓励下属向他提出忠实的意见，在私生活上，他又愿意对他的下属，至少和几个重要的助手打成一片。

面对这种人，犹如面对一个口才很好而又自动地找你谈话的人，除了老老实实地说出你想说的话之外，你还需做什么呢？

你还能够细心地观察他们的言词风采，把握他们的声调表情，因为你可学习他们的口才。

｜第六章｜

高情商表达讲究方式技巧

让你的话语有回旋余地

说话比做文章难，做文章可以细细推敲，再三订正。说话则不然，一言既出，驷马难追，所以，你与人说话，应该特别留神。

如果不是普通的聊天，你要说的话，事先打好腹稿，免得出口失误。说话时，要神态从容、自然流利，眼睛注视听者的脸，显示诚恳、亲切的神情。而且，随时注意他的反应，是赞成还是反对，随时调整你的说法。

如果发觉对方神情不安、不愿多听，你就该注意结束；如果发觉他有怀疑的样子，你就要加以解释；如果发觉他乐于接受，你就该单刀直入，不必再绕圈子；发觉他要插言，你就要请他发表高见。

对方的答话，你要特别留神，同样一个喔字，往往有不同的表示。"喔。"是表示知道了，"喔！"是表示惊奇，"喔？"是表示怀疑。如果他说："好的，照着你的意思做吧。"这是完全接受。"好的，以后再说吧。"这是不肯接受。"好的，让我研究研究。"这是原则上可以同意，办法还要讨论。如果他说："好的，你听我回音。"这是肯帮忙的表示。"好的，我替你留意。"这是没有把握的表示。"好的，我替你设法。"这是肯负几分责任的表示。你能够细细体味，便知道此次说话是否成功。老于世故的人，往往不肯做明确的表示，很容易使你误解他的真意。

你对人表示态度，也要有个分寸，认为是对的，回答他一声很好，或说不错。认为是不对的，回答他这个问题很难说，各有各的说法。认为是可以办到的，回答他，我去试试看，成不成不敢决定。认为是办不到的，回答他，此事太困难，恐怕无大的希望。总之，不要说得太肯定，太肯定的回答最易造成不良的后果，一切回答必须留些回旋余地。万一临时不能决定，你可说待我考虑后再答复你吧！或者说，待我与某方面商量后，由某方面答复吧！前者是接受与不接受各占一半，后者多数是婉言拒绝。如果对方唠叨不止，你不愿意再听下去，也有几个方法可以应付：或者改变话题，乘机谈谈别的事情，转移谈话目标；或者说："好的，今天谈到此处为止。"立起身来，说声："对不起，再见，再见。"他自会中止谈话，离开你那里。

有时对方是一个喜欢刺探你的意思的人，往往迂回曲折，中间插入一句探询，希望你吐露真情。你如果不愿意告诉他，应该特别留神，设法避过，或者故意当作没有听见，或者含糊其词，或者就说："不便奉告。"拦阻他不断的进攻。

人与人之间好感难得，恶感易成，与人对话，必须谨慎。当然知己相聚，上下古今、东西南北，兴之所至，无所不谈，不必有所拘束，但是谑浪之谈，也以不虐为度，一言误会，感情遂生裂痕，这是不可不防、不可不戒的。

没必要说的不要说

俗话说"逢人只说三分话"，还有七分话不必对人说出来。或许有人认为大丈夫光明磊落，事无不可对人言，何必只说三分话呢？

其实这话所指要看对方是哪类人。如果对方不是可以尽言的人，你说三分话，已经不少；对方若不是深交的人，你也畅所欲言，痛快一时，对方的反应是如何呢？你说的话，是关于你自己的事，对方愿意听吗？

彼此关系浅，你对他深谈，显出你的没修养；如果话题是关于对方的，你不是他挚友，不配与他深谈，忠言逆耳，显出你的冒昧。

如果你的话是涉及他人的，对方的立场如何，你并不明白，对方的主张如何，你也不明白，你偏直言不讳，则往往招尤得咎呢。

所以逢人只说三分话，不是不可说，而是没必要说的不要说。善于处世的人，说话圆滑而保守，绝不是他不诚实，更不是狡猾。

说话本来就有三种限制。一是人，二是地，三是时：非其人不说；非其时，虽得其人，也不必说；得其人，得其时，而不是说话的地方，仍不必说。

不是说话的人，你说三分话已是太多。得其人，而不是说话的地方，你说三分话，给他一个暗示，看看他的反应。得其人，得其时，而不是说话的地方，你说三分话，正可以引起他的注意。如有必要的话，不妨选个地方仔细谈谈，这才是通达明智的人。

经办银行业务的人，业务的大概情形或许可以对人提及，对于存款人的姓名与存款额，你是绝对不可对别人提起的。这是银行人员的职业道德。

这样的例子多得很。有时你因为不能遵守只说三分话的戒条，酿成大祸，往往使你的精神大受痛苦，甚至于蒙受更大的损失。

如果你从事的是机密的工作，或者特殊的行业，对人只说三分话，重要话题是一字都说不得。你说的三分话，应该是风花雪月，应该是柴米油盐，应该是天上地下，应该是稗官野史。总而言之，应该是无关紧要的材料。无关紧要的材料，虽是说得头头是道，说得兴味淋漓，说得皆大欢喜，其实是言之无物，不会引来什么苦恼。

说话的几种方式

对人说话有许多不同的方式。对方式本身来说，并无所谓短长，无所谓得失。而在听话的人，却有合与不合的反应。合则听从，是你的成功；不合则拒绝，这是你的失败。

先不谈听话的人的个性，以及说话方式如何配合，现在来谈说话的几种方式：

第一种方式是流利。你的话轻松灵活、婉转和气，处处表现亲切，表示温柔。这种方式措辞洗练，条理井然，每一句话都丝丝入扣。

第二种方式是激进。不知忌讳，不避嫌疑。你认为非的，则直斥其非；认为是的，就直称其是。所言率直，坦白无私，知无不言，言无不尽，听的人是不是发生意外反应，你毫无顾虑，完全用正直来显示自己的性格。

第三种方式是高远。你的话专从大处着眼，好说高深的理论。有时为表示你的见解与一般人不同，随手引证，以为根据。这并不是表示你学富五车，而在表示你的理论信而有征。

第四种方式是浅近。你的话专从小处着眼，就日常小事，抉其利弊，指其得失，说经验，谈做法，不空言理论，而重实际。这样，你的话完全合于现实生活，为一般人所乐道。

第五种方式是朴实。你的态度是恭恭敬敬，你的精神是仁慈敦厚，既不肆意高谈大论，也不婉转圆滑。言虽讷讷，然而言必由衷；话虽简单，然语必扼要。问题中重要的用意，都用微言显出。这种方式诚实朴质，不曲不饰。

现在来看这些方式的得失：

第一种方式是以说话技术见长，完全是外交家的辞令，容易占便宜，多数人乐于接受。

第二种方式是以忠贞见长，完全是公正严明的辞令，这种说话方式最是吃亏，往往使人恼羞成怒。

第三种说话方式是以学识渊博见长，完全是饱学之士的辞令，但是，容易使对方以为你专尚空谈，不脱书生本色。

第四种说话方式是以熟谙家常见闻见长，完全是富于生活经验的人的辞令，这种说话方式易令人认为你俗不可耐。

第五种说话方式是以诚恳温厚见长，完全是忠厚长者的辞令，这种方式使人认为是忠诚有余，而能力不足。

如果能兼擅五长，待人接物当然方便，但谈何容易呢？天性木讷的人，要学流利的说话，自然不易；天性谨慎的人，要学直爽的话，也不容易。天性直爽的人，要学谨慎的话，如鲠在喉。至于有学问的人，不屑谈家常琐事，也是常情。

说话是待人接物的工具，你就得随时研究说话的技巧，融会贯通才是。

切忌"交浅而言深"

你要跟对方说话，先要明白他的个性，喜欢婉转的，你应该说流利的话；喜欢直爽的，你应该说激切的话；喜欢学问的，你应该说高远的话；喜欢家常的，你应该说浅近的话；喜欢诚恳的，你应该说朴实的话。你的说话方式与对方个性相符，自能一拍即合。

但是只明白对方的个性还不够，你还得估量彼此的交情。交情未到相当程度，你的说话方式虽合对方个性，说话是否发生效力仍是一个疑问。话是说对了，你的交情资格还是不到；交情资格不到，你就犯了"交浅而言深"的错误。

你说流利话吧，对方以为你是华而不实、虚而无用，甚至以为你是别有用心，有此反应，你的话等于白说。你说激进话吧，对方认为你是牢骚满腹，大有"使酒骂座"之意，一定心中大不快意，借题发挥，句句拂逆，声声刺耳，你是太不客气、太不留情了，有此反应，你的话又是等于白说。

你说高远的话吧，对方以为你是夸大其词，无济于事，理论荒诞，不近人情，虽有引证，也不过卖弄你的渊博而已，有此反应，你的话也是等于白说。

你说浅近话吧，对方以为你庸俗，目光短浅，不足与言大事，有此反应，你的话当然毫无效果；你说朴实话吧，对方以为你是观察不精、分析不细，只知大概，不知内容，有此反应，你的话直如东风过耳，怎能得人重视？这些都是对方的心理作用，而心理作用之所以如此，都是因为彼此的交情还不曾达到相当的程度。"不可与言而言，是以言聒之也"，聒耳之言，只会使人觉得讨厌。

常见许多人贸然与人交谈，三句话还没有说定，听的人已经掉头而去，岂非自讨没趣？古话说："话不投机半句多。"诚如是也。

所以，不是说话的对象，还是三缄其口的好。除非你另有一套本事，足以逢人说人话，逢鬼说鬼话，对于社会上的三教九流都有投合他们个性的话题。

读者诸君不要误会我在这里鼓励阿谀世俗，做个乡愿。且问：当你在社交场合，见到他人谈笑风生，还有许多人洗耳恭听某人发表阔谈高论——即使他们胸无点墨，谈的尽是风花雪月、乡里闲话——而你，却没有这种随遇而谈的本事，独坐一角，这时，你是不是也想：如果也能加入他们圈子寒暄一番，总比孤单的好呢？

说话对事也要对人

对人说话，应该投其所好。能够投其所好，你的话才能在他人心中发生作用。

如果对方是个好名的人，你没有认识明白，偏对他讲有利可图的事情，即使你所讲的事真是有大利可图，而且十拿九稳，他也不会对你发生兴趣，因为好名的人并不见得好利。而你偏与他谈利，话是不会投机的。

我认识一富翁，他本是一个好利的人，如果有人向他建议如何致富，无不欢迎，到了晚年，他的好利一变而为好名，这种心理的转变，还没有人知道。有某人对于生财之道，自问大有心得，设法与某富翁相见，乘机提出他的生财大计，谁知富翁听了，丝毫不感兴趣，待他说完，淡淡地回答说，我不要再发财，正想谋求散财之道。他一听，出乎意外，只好垂头丧气而退。其实得此结果，还算便宜，有时竟会当你是孜孜为利，是个十足的小人，心中万分瞧不起你，以后你再想亲近他，是难乎其难。

好利的人，根本看不起名，认为名是寒不可以为衣、饥不可以为食的东西，劳心求我，其愚可怜。你如对投机商人讲如何发财，如何利用机会，他会"虚心求教"；你倘与他讲如何盛名，他自然沉沉欲睡，或顾左右而言他。

这两种人还不算难说，最难的，是表里不一的人——表面上是好名，骨子里是好利，试问对于这种人，你将如何说？对他讲如何享盛名，则与他的内心相反，听了你的话，一味地说很好，而他的内心却认为你是个不合时宜的书呆子，形式上表示敬重，实际上力求疏远；对他讲如何获大利，虽迎合他的内心，却揭破他的假面，他的假面是用以欺世、用以盗名的，一旦被你揭破，于他总是不利，于是对你做一番申斥，认为不当言利，有污他的人格，其实对于你的建议，内心喜欢不止，暗地里采用你的主张，却把你弃得很远！

这种表里不一的伪君子，世界上实在太多，你若知道他的真相，第一千万不要揭破他的假面具，第二要直中他的内心。你对他说了一篇大道理，什么为公，什么为大众，说得冠冕堂皇，同时却轻描淡写地说几句直中他内心的话，表示明人不必细说，表示彼此心照不宣，表示你很乖巧。一定要做得十分利落，假话说得多，真话说得少，假话是彼此的烟幕弹，真话是彼此合作的目的。

说话有六忌

说话想得到好处不容易，若是要想招致灾祸，倒是唾手可得，所以，明智的人对人总是唯唯诺诺，或三缄其口。比方你对他谈起了有隐私的事情，他的秘密唯恐人知，你的说话却在无意中说着他的隐私，言者无心，听者有意，他会认为你是有意揭破他的隐私，恨你入骨，这是说话的第一忌。

朋友做的事，别有用心，他极力掩饰，不使人知，如被人知，对他必有不利。如果你与他平素熟悉，对他的用心知之甚深，他虽不能断定你一定明白，终是对你十分疑惑，十分妒忌。你处此困境，既无法对他表明没有知道，也无法表明决不泄露，那你将何以自处呢？我想你唯一的办法，只有假作痴聋，绝口不提，这是说话的第二忌。

别人有图谋企图，你恰参与其事，代为决策，从乐观方面说，你是他的心腹；从悲观方面说，你是他的心腹之患。你虽谨守秘密，从不提及此事，不料别人猜得其情，而泄之于外，那么你就无法辩白泄露的嫌疑，无办法的办法，你只有多亲近他，表示绝无二心，同时设法查出泄露的人，这是说话的第三忌。

别人对你还没有深刻的认识，没有十分信任，你偏力求讨好，对他说极深切的话，如果采用你的话，实行结果却并不理想，他一定疑心你有意捉弄，使他上当；即使实行结果很好，对你也未必增加好感，所以你还是不说话的好，这是说话的第四忌。

别人有罪过被你知道，认为大大地不对，不惜直言相劝。他本觉内疚，唯恐人知，而你却去揭破，自然令他十分羞愧，则往往由惭愧而生愤恨，由愤恨而与你发生冲突。所以，你还是不说的好，即使劝告，也以婉转为宜，这是说话的第五忌。

别人能力做不到的事，你认为应该做，而强求他必须去做。对于某件事，他正是箭在弦上，骑虎难下，而你认为不应该做，要他必须中止。如果你这样做，就是强人所难，与人情相反。你认为朋友哪件事该做或不该做，在道义上应该进言相劝，使他自己觉悟，自己去行动，自动去中止，这才是上策；万一他不愿接受你的劝告，你也只好适可而止。遇事强求，徒伤感情，这是说话的第六忌。

说话先要看对象

同样的一句话，你对甲说，甲肯全神贯注；对乙说，乙却顾左右而言他。某些时候对甲说，他乐于接受赞成，如果换个时候，他却觉得不耐烦，这分明是因为说话的对象的生活或性格不同，并与当时的心境有关系。

什么时候不该说话呢？对方正在紧张工作的时候，你不要去说话；对方正焦急的时候，你不要去说话；对方正在盛怒的时候，你不要去说话；对方正在欢天喜地的时候，你不要去说话；对方正在悲伤的时候，你不要去说话。上述几种情形，有一于此，你去说话，一定碰一鼻子的灰，不但说话的目的不会达到，反而遭冷淡，受申斥。

不过也有特殊情形，对方同你一起在欢天喜地之中，你乘机用轻描淡写的方法与他说话，则比任何时候容易成功，但非有此特殊条件，千万不要随便进言。

你的得意事应该与得意人谈，你的失意事应该与失意人谈。跟失意人谈你的得意事，你不但不知趣，简直是挖苦、讥讽他，他对你的感情，只会更坏，不会变好。

跟得意人谈你的失意事，他至多对你做表面的虚与委蛇，决不会表示真实的同情，有时也许会引起误会，以为你要请他帮助，他会预先防备，使你无法久谈。所以你要诉苦，应该向同病的人去诉，同病者自会相怜，可以得到精神上的安慰，可以稍舒胸中不平之气。你要谈得意事，应该向得意的人去谈，你捧他，他捧你，志同道合志趣相投。年轻人涵养功夫不够，稍有得意事，便要逢人告知，自鸣得意，结果很多人骂你器小易盈，笑你沾沾自喜，也许无意中惹起别人的妒忌。同时偶有不如意事，你觉得抑郁牢骚，有如骨鲠在喉，不免逢人告诉，结果是惹人讨厌，说你毫无忍耐，甚至笑你活该，咎由自取。

所以最好的办法是得意事要放在肚里，失意事也要放在肚里，不要随便对人乱说。

总而言之，你要说话，先要看准对方，他是愿意和你说话的人吗？如果非其人，还是不说话为妙。这个时候，是你说话的时候吗？如果不是时候，还是不说话的好。说话的成功与失败，与时机有关系。多说话，未必当你是能干；少说话，未必当你是呆子，我劝你还是"谨言"，还是"讷讷于言"！

说话讲究"入境问俗"

中国地方广阔，方言不同，往往同样一句话意义却是迥异。你以为尊敬他，他却以为是侮辱他，古人主张"入境问俗"就是这个道理。

各地的风俗不同，说话上的忌讳各异，你与人交际，必须留心对方的忌讳话，一不留心，脱口而出，最易令人不欢，虽然对方知道你不懂得他的忌讳，情有可原，在你总是近乎失礼，至少是你犯了对方的忌讳，对友谊不会有好处。

对方也许另有特殊的忌讳，你也要探听明白，留心对方忌讳，在交际上原是小事，在彼此却有极大影响。你在社会上做人，冤家越少越好，因为说话不识忌讳结了冤家，最不值得。从说话里得出来好处真不易，而随便粗心一句话惹来杀身大祸也时见不鲜，口舌之过，最宜深戒。

嬉笑怒骂巧进谏

对人说话，照理应该用正言。然而，正言难入耳，尤其是成见很深的人，你规规矩矩，对他陈述对某问题的意见，希望他采纳很是不易。你如果与他争辩，便容易弄得面红耳赤，不欢而散；你不与他说吧，又认为这个问题不能不及早解决，你与他关系较深，或者为了你的地位关系，或职务立场，不容不管，那么你在迫不得已的时候，也可试用嬉笑怒骂的方法。

嬉笑怒骂本来不是说服人的正道，同时也要有一定的资格。第一，彼此私人之间的交情很好，没有丝毫芥蒂。第二，你的为人，他很明白，而且尊重你。第三，你的职位较高，有向他说话的资格，具有这个条件，才可试用嬉笑怒骂的手段。

所谓嬉笑怒骂，当然要借题发挥、指桑骂槐，而且，寓庄于谐，不着痕迹，旁敲侧击，避开正面，多说反语，古人所谓"正言若反"才算合格。

你的口才是第一要件，口才不好，你的智慧是第二要件。不能即景生情，同时嬉笑怒骂也要适可而止。不要刺激得过分，刺激过分易使对方生出反感。如此艰难的方法，当然非有经验所能试用，所宜试用。但是这种方法，有时会难收说服人之效，应该预先研究。

某公司待遇苛刻，下级职员苦不堪言，身为老板的也承认。但是，为了自身的利益，他自然不愿主动调整。某君的职位是经理之职，对于部属的抱怨也是爱莫能助。

有一日他灵机一动，想了一个计策，想在老板面前试一试，希望提高待遇。

他对老板说："公司里的职员都表示待遇太少，生活太艰苦，别的花费暂且不说，每月上下班的公共汽车费也不胜负担，教他们如何解决呢？"

老板说："叫他们安步当车，一文不费，而且可以借此运动身体，不是好的办法吗？"

某君摇头表示不行："走破了鞋袜，还是无力购买呢？我倒有一个办法，希望老板出一布告，提倡赤足，教大家赤足到公司，这不是解决了吗？谁教他们命运太坏，生在这个时候！谁教他们不去想发财的门路，来干这样苦的职业！他们坐不起公共汽车、计程车，也不能鞋袜整齐地到公司，都是活该。"一面说，一面笑，说得老板也不好意思起来，只好来一次点式的调整待遇。

某君用责备部属的语气，尽情表露他们的苦痛。用笔写正文，语气是嬉笑，实际是怒骂，这种办法当然只能偶尔为之，常常如此，也要失去效用的。

再举一古时的例子：优孟不忍孙叔敖子孙的贫苦，想借机对楚王陈说。他却先模仿孙叔敖行为神情，一颦一笑，莫不酷肖。楚王要他做楚相，他说，先要与妻子商量一下，明天再禀复大王。翌日对楚王说："我妻劝我不要做楚相，贤如孙叔敖，死后，其子孙尚无以为活，无以自存呢！"楚王觉悟，便周恤孙叔敖的子孙。这也是嬉笑怒骂的一件故事，运用方法必须技巧熟练，方可一试。

恰如其分的恭维

恭维的话人人爱听。你对人说恭维话，如果恰如其分，恰得其人，他一定十分高兴，对你产生好感。

越是傲慢的人，越爱听恭维话，越喜欢接受你的恭维。有人词严义正，说自己不爱听恭维话，愿意接受批评，这是他的门面话，你如果信以为真，毫不客气地直言批评，表面上他未必有所表示，内心却是十分不悦，对于你的印象只有大打折扣，决不会增进。

"人告之以有过则喜"，只有子路才有此雅量。一般自命为君子的人，尚容不下别人的批评，普通人更不用说了。

善说恭维话，别人听了舒服，而且自己也不降低身份。说恭维话是处世的一门重要功课。

每个人都有希望，年轻人寄希望于自身，老年人寄希望于子孙。年轻人自以为前途无量，你如果举出几点，证明他的将来大有成就，他一定十分高兴，引你为知己；你如果称赞他父母如何了不起，他未必感到高兴。至多你说他是将门之子，把他与他的父母一齐称赞，才配他的胃口。

但是老年人则不然。他自己历尽沧桑，经过几十年的光阴并未达到他预期的目的，对于自己已不复自信，不再有希望，他所希望的是他的子孙，你如果说他的儿子无论学识能力都胜过他，真是跨灶之才，虽然你是当面批评他，抑父扬子，他不但不会责怪你，反而十分感激你，口头连说未必、未必，过奖了。他的内心，却认为你是慧眼识英雄呢！这是说恭维话对于对方的年龄应特别注意的要诀。

对于商人，你如果说学问好，清廉自守，乐道安贫，他可能无动于衷；你应该说他才能出众，手腕灵活，现在红光满面，发财即在目前，他才听得高兴。

对于官吏，你如果说生财有道，定发大财，他一定不高兴，你应该说他为国为民，一身清正、廉洁自持、劳苦功高，他才听得高兴。

对于文人，你如果说学有根底、笔下生花、宁静淡泊，他听了一定高兴。对方做什么职业，你说什么恭维话。这是对于对方的职业，应该特别注意的要诀。

最后我讲个笑话，某甲是拍马屁专家，连阎王都知道他的大名，死后见阎王，阎王拍案大怒："你为什么专门拍马屁？我最恨这种人！"马屁鬼叩头回道："因为世人都爱拍马屁，不得不如此。大王公正廉明、明察秋毫，谁敢说半句恭维的话呢。"阎王听了，连说是啊是啊！谅你也不敢。实则阎王岂不爱听恭维话，不过说恭维话的方式与普通人不同罢了。这个故事说明了世人都爱被恭维，你的恭维话如果有相当分寸，不流于谄媚，不伤人格，那就是得人欢心的一法呢！

快语伤人并无裨益

人与人相处，不能始终默不作声，就是最沉默的人，在必要时也不能不说几句话。说话是沟通彼此情愫的工具，你好与熟人讲话，不算本领；能与陌生人讲话，说得相投如故、相见恨晚，才是口才本领。你说话的目的，既在沟通情感，当然要力避因说话而反失人和。"得道者多助，失道者寡助，多助之至，天下顺之，寡助之至，亲戚叛之。"说话实在是做人之道，古人所谓"片言之误，可以启万口之讥"。既是初入世的后进，说话宜少不宜多，宜小心不宜大意。话要出口以前，先得想一想，替听你话的人想，是他愿意听的话才说出口，他不愿听的话，还是不说为上。

所谓不愿意听的话也有种种：老生常谈，他是不愿意听的；一说再说，耳熟能详，他是不愿意听的；与他的心境相反，他是不愿意听的；与他主张相反，他是不愿意听的；与他毫不相关，他是不愿意听的；与他的程度不同，他是不愿意听的；有关他的创痕，他是不愿意听的；有关他的隐私，他是不愿意听的；而他最不愿意听的，是尖锐锋利而又刻毒的话。

说话所引起的反应可有几种，第一种是有隽永之味，第二种是有甜蜜之味，第三种是有辛辣之味，第四种是有爽脆之味，第五种是有新奇之味，第六种是有苦涩之味，第七种是有寒酸之味，而最坏的反应，是创痛之味！谈言微中，令人回味，对方能发生隽永的反应；热情洋溢，句句打动心坎，对方自会发生甜蜜的反应；激昂慷慨，言人所不敢言，对方自发生辛辣的反应；知无不言，言无不尽，对方自发生爽脆的反应；"以反人为实"，"好为无端涯之言"，对方自发生新奇的反应；陈义晦涩，言辞拙讷，对方自发生苦涩的反应；一味诉苦，到处乞怜，对方自发生寒酸的反应；好放冷箭，伤人为快，伤人越甚，越以为快，对方自发生创痛的反应；能得隽永反应者为上，能得甜蜜反应者为次，能得爽脆反应者又次，能得辛辣反应者更次，得到新奇的反应、苦涩的反应、寒酸的反应的话都是下等，而得到创痛反应的话更是大反人情！

但是说尖刻话的人，未尝不自知其伤人，而以伤人为快，这是什么道理呢？这完全是心理的病态，而心理之所以有此病态，也自有其根源，是后天性的，不是先天性的。换句说话，是环境逼他走入歧途。

第一，他有些小聪明，且颇以聪明自负，而一般人不承认他的聪明，因此他有生不逢知之感。第二，他富有自尊心，希望一般人尊重他，偏偏没有这回事，因此他对所有人产生仇视的心理。第三，仇视的心理郁积久了，始终找不到消释的机会，他自己又不知加强自身的修养，于是这种仇视心理只有走发泄的路，谁是他的仇视对象？因为刺激的方面太多，早已成为极复杂的观念，复杂简单化，每个与他接触的人都成为发泄的对象。他认为人都是可恶的，不问有无旧恨，有无新仇，都要伺隙而动，滥放冷箭。

这种人在社会上只有失败，不会成功。即使在家里亲如父兄妻子，也不会水乳交融；而在社会上，别人则以眼还眼、以牙还牙。总有一天，他会成为大众的箭靶子。所以说，说话尖刻，足以伤人情，伤人情的最后结果是伤了自己。

　　人都有不平之气，对方的言语，你觉得不入耳，不妨充耳不闻；对方的行为，你觉得不顺眼，不妨视而不见，何必过分认真。快语伤人并无裨益，但愿与读者共勉共戒。

说笑也要讲方式

人的生活不能过分严肃，精神有张而无弛，生活便减了情趣，而精神的表现自流于呆板，同时由于呆板，减少了人与人的亲和力，人家不愿与你接近。所以希望读者的精神一张一弛，以为调节。所谓精神的弛，就是有时你要与人有说有笑，说些诙谐的话，这是调节精神的好方法之一。

一般年老的人，因为少了这一点，整天不苟言笑，所以年轻的人不大高兴与他接近。倘若年轻人也是整天绷着脸，现出严肃的神情，年老的人也许称你是少年老成，我则以为这是你的错误。年轻人应该活泼，应该高兴，应该严肃时严肃，不应该严肃时还得嘻嘻哈哈，充分显出你的天真。

可是说说笑笑，也不是容易的事。你要说笑，总不会自己说、自己听，自己逗自己发笑，一定要有几个人在一起，即景生情，临时找出取乐的资料。但是问题就在这里，普通说笑，往往把聚在一起的某人做对象，利用他的缺点造成一个笑话，利用他的言行造成一个笑话，如果对方与你交情很深，彼此原是无所不谈的，你拿他取笑，也许不会发生误会；如果彼此之交原属泛泛，你拿他取笑，他往往认为你是恶意，心理上难免发生不快之感；即使彼此交情很深，可是对方气量狭窄，只会讨别人的便宜，不许别人讨他的便宜，你拿他取笑，他也会感到不高兴。而且取笑也要有个分寸，在分寸以内，大家欢乐；超过了分寸，便要引起不欢。

我之所谓分寸，原没有明确的标准，但对方心理上的反应程度不能不注意。古人说"善戏谑兮，不为虐兮"，谑而不虐，才是善谑；谑而至虐，就是不善谑。虐是分寸的分水岭。什么叫作虐？就是你的说笑刺激力过分强烈，对方不能忍受，而发生不愉快的反应。

我赞成你有说有笑，但说笑的资料最好不要从聚在一起的人当中去找，而应从其他方面去找话题，比方就眼前某件事或物做说笑资料，丝毫不牵涉到聚在一起的人；就最近发生的社会奇闻做说笑资料；或者无中生有，临时编造一个笑话。

而笑话的内容更要针对听笑话人的程度，对有地位、有学问的人说粗俗的笑话，便显出你的鄙陋；对普通的人说高雅的笑话，他们不会领会，不会觉得好笑。可见说笑也不是件容易的事！你说笑话时，还要注意聚在一起的女子，如有女子在座，最好不要说关于男女间的事，否则男子固捧腹大笑，女子却面起红云，深感羞耻，口虽不说什么，心里却要骂你下流！

说笑的最高技术是能够以巧妙的语句化陈腐为新奇，虽然轻描淡写，却感到兴味淋漓，这是幽默式的说笑法。其次是利用滑稽的态度、滑稽的表情，讲一个轻松的寓言，这是戏剧式的说笑法。再次是引几件相反事实做一个对照，显出其中可笑的矛盾，这是讽刺式的说笑法。最后是把一件事实绘影绘声，尽量粗俗，不知忌讳，这是小丑式的说笑法。如此分析说笑方式，完全是我个人的主观方法，原没有古今哲理的根据，却不离乎事实。至于揭发他人隐私，任意攻讦，以图一快，这不是说笑；指责一事或一人，冷嘲热讽，无所不至，这也不是说笑。说笑一定要无损于谈话的双方，而且有益于谈话的双方。

你应该说笑，而不应该随便说笑。你要说笑，先得学习说笑的技巧、研究说笑的方式。不会说笑以前，还是多听他人的说笑，做个听客，不要做说客。"未能登车而射猎，其伤实多"，因说笑不当而损伤友情的故事很多，不需举例。

| 第七章 |

高情商谈话体现深厚学识

做一个好的谈话者

说话是双方的，甚至是多方面的。当一个人站在讲台上演说的时候，只有他一个人在讲话，无论他讲的话是他自己事先准备好的，还是别人替他准备的讲词，只要他懂得演讲的技巧，把讲词明白生动地说出来，那就完成了演说的任务。可是，要做一次好的讲话，却不只是讲，还要善于听；不只要把自己的话讲好，还要善于听别人的话；而自己所要说的话也不能像演说一样，可以事先完全准备妥当，照字读经，而是要有很多随机应变的才能。

当你面对一个人谈话的时候，如果你只一大套一大套地把自己想好的话讲出来，而不了解听者的反应、看法、兴趣，不能观察对方对你的话有什么意见，有什么疑问，不能及时地解除对方心里的症结，那你就不能算是一个好的谈话者。

在谈话时，你的思想至少要顺着两条线发展，一条线是你自己的，一条线是听者的。一方面你自己当然要有自己的立场、观点、态度、推理方法，另一方面你还要懂得对方听者的立场、态度和思想方法。如果你谈话的对象不只是一个人，那么，你的工作就更为复杂，你所要顾到的方面就更多，因为每个人的思想、嗜好和推测都是不相同的。例如，你的说话对象是两个人，你的工作就有点麻烦，有的时候，在某一个观点上，甲乙两个人都不同意你的意见，而在另一个问题上，甲同意你的看法，乙不同意你的观点，或者是相反，乙同意你，甲不同意你，这时，你的思想路线不只是两条，而是三条路线了，你必须同时能够照顾三条路线的发展和他们的互相影响。如果你是一个受过良好训练的谈话者，你还要避免一个最常犯的错误，就是不能将你本人的兴趣偏重于一个人身上，而忽略了另外一个人的偏好，比如你同甲谈得太多，而使乙坐在那里发闷。这里只是简单地列举了三个人，如果是超过三个人，那你就不容易应付了。所以学怎样谈话，是一件有趣的事。

让别人先开口说话

法国哲学家罗斯费柯说：与人谈话，如果把自己说得比对方好，便会化友为敌；反之则可化敌为友了。说话的影响效力有如此之大，试看社会上许多巨贾贩夫走卒，要是你说他们好到如何如何，谁不喜欢？这在一般说来，即所谓拍马屁。俗语有云：千穿万穿马屁不能穿。具有高尚品格者，往往是不愿为之，而且要想为之也不是容易说得恰当，这可是费尽心机的事。

让别人先开口说话，一方面是表示你的谦逊而使别人感到满足，感到高兴，感到光荣；一方面你可以借此机会观察对方的语气、神色以及来势，给自己一个揣度的机会，这不是两全其美的方法吗？可是现在有许多人总是喜欢抢先说话，好像自己先说了，便可以压倒对方，或者是使对方感到自己是个不平凡的人物，同时有许多人一开始说话便滔滔不绝，似长江之水，自以为是一个长于口才的能者，须知别人已对你有了一个恶劣的印象，事实上，你已经失败。因你并不是谈话，而是你说给人家听，以后你将不受人欢迎，人们见了你只有避而不见了。倘若你是个商店职员，对一个上门顾客流水似的滔滔不绝地宣传自己的货物如何优质，顾客对你这如簧之舌、天花乱坠的说话，最多也不过认为是一种生意经，决不会轻易相信你，把钱送入你的腰包。反过来，你如果给顾客留有说话的余地，使他对货物有批评的机会，和你对此货物互相讨论，你的生意便容易做成了。

我们为什么要和别人发生争辩？起因是由于彼此的主张不

同，因而彼此生仇恨，这是对每个人在社会上生存活动最不好的事情，所谓冤家少一个好一个，因为每一个人都维护着自己的自尊心。一个耶稣的信徒，他相信人是由上帝造出来的，但是，你用达尔文的进化论驳得他哑口无言，也未必就使他抛弃自己的主张，从而信仰你的主张。反之，你使他面红难堪，他将对你怀恨在心，结成仇恨。想想看，我们这样做，所得到的只不过是目前口头上的胜利，而彼此的友谊是从此完结了，这对我们究竟有什么利益呢？世界上的人，百分之九十九是自尊自大之人。所以，对人说话，第一不要损伤对方的尊严，你对一个酒徒说酒的害处，他自然而然也要起来为自己辩说喝酒的好处。不过，这种避免成为冤家的说话表现，做起来也不易。

在社交上，我们常看到许多人因为喜欢表示和人意见不同，而得罪了许多朋友。所以常常有些人、有些书，总是劝人不要表示自己的不同意见，这种做法其实是很片面的、很肤浅的。无论一个人多么爱面子，或多或少地会喜欢接受不同的意见，借此来克服自己的不足之处，提高自己适者生存的能力。显然几乎每一个人都更喜欢忠实的朋友。

提高你的谈话能力

谁善于谈话，谁就可以使生活变得非常有趣。对于不善言谈的人，要知道随时随地都有机会练习谈话，练习的机会多，改进的机会也多，而且，练习谈话的效果也是很容易看到的。到处都有你练习谈话的题材，到处都有你练习谈话的对象。不过，事先你必须分析一下自己谈话的能力。我们一般人都不能说是很健谈的，但也不能说对于谈话这件事一窍不通，像哑巴一样不会说话的人毕竟是极少数。多数人都或多或少有一点长处，懂得一点谈话的方法，不过没有郑重其事地、科学地去研究而已。假使你决心把谈话的能力提高，请你回想一下自己过去谈话的经验，总结一下谈话的历程。

要问自己的问题是：我是不是见了别人就觉得好像无话可说？我是不是很难找到一个大家有兴趣的话题？我是不是常常说些犯了别人禁忌的话？发觉我的话使别人反感时，我是不是很狼狈？我能不能把我所要谈的问题用各种不同的方式来谈，适应不同层次的对象？我是不是在某些人面前话很多，而在某些人面前却一句话也说不出来？我是不是遇见别人不同意我的看法时，便再三地重复我已经说过的话？我是不是喜欢和别人发生争执？我是不是常常被人说固执己见？对于年纪比我大或地位较高的人，我有没有给予适当的尊敬呢？跟别人谈话时，我的一般态度有没有错误？我能不能根据别人的态度来调整自己错误的态度？我是不是不能引起别人的发言？我是不是能使谈话很顺利地进行而不中断？我是不是能够很自然地改变谈话的内容？我是不是知道应该在何处结束我的谈话？我是不是口齿不清？我的声调是不是不悦耳？我是不是常忘记别人的姓名？我是不是常用一些不大优雅的词汇？我是不是有不文明的话？诸如此类的问题，必须先弄清楚自己究竟在哪一方面发生了问题，哪一方面有不足。这样，当我们谈到那些问题的时候，出现那些不足的时候，才会特别加以注意，逐步改正过来。

可是，无论你有多少困难，你也不要灰心，即使你现在像哑巴一样不会说话，我们也有办法把你医治好的。假使你真心要解决你不会说话的问题，你就不要偷懒。你用个本子逐项记下存在的每一个问题，并且把你过去的经验也记录下来，如你要记录在什么人面前你感觉到无话可说，是什么原因造成的。你要自己先想一想。当然仅仅这样还不够，你最少要用一个星期的时间，留心观察一下你跟别人谈话的情形，到了一个星期的结尾，你再在那个本子上记下你应该最先改进的那一点，然后一个星期接着一个星期下去，一面看书，一面研究你自己的情况，一面看看书中所讲的能不能解决你的问题，一面又把你自己所得经验记在本子上，如果你肯这样实行，在两三个月之内，你就可以有惊人的进步，取得你想得到的收获。

有人说口才是天生的，这句话不可信。所谓的天才，他们之所以口齿伶俐，是因为运用字句语气，以及态度、发音等受过训练的缘故，其他之外还有什么正确的理由可以说他们都是天才而成的呢？例如，你说："我到一家理发店去理发，在××街和××街的转角处，门牌是四三六号，××街正在修路，我记得这家理发店是六年前开的。"讲了一大套，别人还不知道你这个故事的要点是什么。也许你所讲的这些都是毫无作用的，你讲此话的

　　要点是什么，是你走进了一家理发店去理发，有一个理发师是你大学的同学。他为什么当起了理发师呢？这才是故事的要点。抓住要说的要点，要了解听者的兴趣集中在哪一点，少用对话，进行要快点，重要的环节要讲得详细，其他地方用一两句话交代过去就算了，切不要平均用力，使人费解，摸不着头绪，不知所云，使得听众无所适从。

　　只要你的办法是正确的，又能按办法去做，有信心坚持，耐心练习，必定能够掌握说话的能力。

姿势是内心的表现

姿势是内心状态的外在表现，是完全由你的情绪、感觉、兴趣而发生的。姿势不是衣服，你可以根据你的想法加以改变，那一定得由你的内心感觉才可以表现出来。因为姿势是内心的表现，所以如果你要训练它成为一个模型，那不但单调，而且是可笑的举动。有些人在说话声音越高越响的时候，常把两手高举着。真情愈流露，动作和姿势也愈显自然。有时因心情愉快，便不停地把两手在空中挥动；有时因为心情悲苦，忍不住握着拳头，紧紧地靠在自己的胸前，而当愤怒时候，更不免举拳猛击，但是这种动作和表现姿势都是以自然和灵活为要素。

当然，许多演说家的姿势仿佛戏剧里的小丑一样，十分古怪、可笑，但是他们都是于心灵中发生的，是内心的表现，无论是笨拙、是灵活，我们都不必去批评他们。只有一点我们必须牢记：他们是否由自己所创造。如果姿势是内心自然流露，那我们尽可以不必加以注意，这种说法也是欠妥当的，因为我们要吸引听众，我们必须注意姿势，不过姿势绝不是口才训练的主要目标，它只是帮助口才动人的一个助手。

除了演说的时候，大部分的谈话总是有机会坐下谈的。关于坐的问题，有很多种不同的方式，有的人喜欢坐在人们的中间，让大家围坐在自己的周围；有的人喜欢坐在会场的角落，不让大家注意到自己；有的人喜欢坐在听众的外围，不让人家看得仔细。其实，座位最好是对着听众，让大家可以清清楚楚瞧见。坐的时候姿势要自然，而且要保持端正，切不可斜靠在椅中。有的人盘起腿，有的人把手臂搁在椅背上，这些都是引人轻视的动作，你必须加以注意。

一个在发表意见的人，对于手的安置也是值得留心的。究竟双手怎样处置呢？倘若你不知怎么办，那便忘掉它们好了，让它们自然地垂直在身体的两边。不过万一你觉得它们讨厌，并有些累赘，而认为插在衣袋里或是放在背后更好，那也可以。总之一句话，总得使你的情绪安静，你切不要注意两手是否妨碍你的动作，更不必顾虑听众会留意到你手的位置。

你应当集中注意于真情的流露，而两手却是帮助你让真情流露的工具。这工具愈放得随便，那么，在需要应用它们的时候，愈可以立刻举起来，或放下去。不过你不要故意把手交叉在胸前，更不可勉强扶在什么地方，这会使你的身体不能自由行动。而用两手故意去摆弄自己的衣服，那会使听众转移注意力，实在是一种愚拙的举止，是不自在的表现。

姿势这个问题你应注意，你在说话时的冲动，书上的理论，不能奉为金科玉律。下面几条原则你应当注意：（1）不要把姿势重复，无论哪一种姿势，重复多了总会令人觉得乏味。（2）你如果做手势，不要只从肘部做起，这样会使人觉得你的手势不自然。（3）不要把姿势结束得太快，如当你伸出食指向前面指着，而这种姿势是为了帮助你说话的语气，那么你切勿将手立刻缩回来，最好等到说完整一句话之后才缩回手臂。（4）你要保持姿势的自然，就必须练习，而这种练习却要下苦功，也许在练习时有些勉强，但经过相当时日后，便可以渐渐地变得自然了。（5）你得注意，勿让你的动作或姿势转移听众对于你说话的注意力，许多人动作过火，使听众反而注意于他的行动。

　　你要使说话姿势自然，还有一种方法，就是把自己当作一个讲师，你的说话和对一般学员讲解一样，别人只会尊重你的意见，不必有什么恐惧，更不要有什么担心，自己心里的思想让它自然地流露出来，这样你的语气一定可以非常自然。

　　当你听学口技的人模仿鸟叫的声音，有许多十分逼真，几乎使你听不出那是人模仿出来的，但是，如果你听到树上的鸟儿叫声，立刻会引起你的共鸣，觉得有一种说不出来的愉快，这就是自然和不自然的分别了。你能激发你的情绪，使语言自然流露出来，那么你说的话一定可以格外动听。

　　你是否留心过，如果有人把意见用诚挚而令人感动的语气对你说出来，你的心里常不易生出相反的意见，因此，如果你预先准备给人一个好的印象，并使人赞同你，请记住，激起人的感情比激起人的思考更为有效。

　　你身体的各部分能帮助或配合你的口，从你在别人眼中出现，一直到你开口之前这一段时间你都在说话，只是并非用口来说。你开口之前，你的眼睛、你的动作、你的全身都在表现着什么，这些你所表现的东西，会使人准备听你说话，或是不想听你说话，使人对你发生敬意或产生恶感，所以在开口之前这一段时间要特别注意姿势，怎样注视听众，怎样鞠躬。在你开口之前，你必须用你全部身体向听众传达你对他们的敬意与好感，暗示你所要说的话的重要性和它的基本色调。即使在闲谈的时候、在朋友的客厅里，坐着的你忽然站起来，或者把你的座位向对方移近一点，或者在众人之中选择一个良好的位置，或者突然采取一个不寻常的姿势，只要你做得自然、得体，都对你的语言会有很大的帮助。

　　我们的手是最会说话的。在重要的地方配上适当的手势，会吸引人们的注意。但我们不要每一句话都配上手势，因为手势太多，会使人觉得不自然。如果能够使人在听你讲话的时候，不但有的听，而且有的看，那你可以不必担心对方的注意力会从你的身上转移开去，这是必然的。

不自然的手势会招致反感，造成交际的障碍。非常优美动人的手势，令人一看心中充满惊喜；非常柔和温存的手势，令人一看心中充满感激；非常坚决果断的手势，好像有千钧万钧的力量。有的手势令人远远地感到他的热情和欢喜；有的手势却轻率得像个阿飞；有的手势漫不经心；有的手势使人觉得洋洋自得；有的手势告诉你他非常非常忙，正要赶着去办一件紧急的事情；有的手势又告诉你他有要紧的事情要向你谈，请你等一等；在让座，在握手，在传递物件，在表示默契，以及在谈话进行中，手势有时会成为谈话的一部分，加强我们语言的力量，丰富我们语言的色调。有时候手势也会成为一种独立而有效的语言，是语言所不能代替的。

美国李特登说：大家都爱说自己是受理智的支配，其实整个世界都可以被感情转移的。如果一个人竭力装得严谨和敏锐，那他一定会失败，因为他的话不是从心底里发出来的。不管他在讲什么内容，不管是在讲重大的政治、经济问题，还是个人的旅行杂谈，只要他感到心里确有一番非说不可的话，那么他的话就会像火一般地炎热了。具有诚恳和热诚品质的人，他影响对方的力量之大，像膨胀的气球一样，即使他在修辞上犯了许多错误，也不会惨败的。

著名的美国心理学家威廉·詹姆斯曾写过下面一段话：动作好像是跟着感觉的，但实际上动作和感觉是同时发生的，所以，我们直接用意志去纠正动作，也就是间接去纠正了感觉。例如，我们失掉了愉快，唯一的恢复方法便是快活地坐或站起来，主动说话，愉快便好像已经和我们在一起了。如果此法还不能达到效果，那便不再有其他的方法了，所以，当我们感到勇敢时，我们真的就会变得很勇敢。用我们整个的意志去达到自己的目的，是用你的勇敢代替惧怕的最好方法，不过，你必须先预备好一切动作，否则，将仍旧不易生效。如果你要讲一些什么，你已经充分想好后，就应该敏捷地走出来。不要惧怕，应该做半分钟的深呼吸，因为多吸一些氧气，可以增加不少勇气。你吸足了气，便能支持住自己，勇敢地登上演讲台了。

不做损人的传声筒

世界上没有十全十美的人，随随便便说人家的短处，或揭发别人的隐私，不仅有碍别人的声望，且足以表示你为人的卑鄙。首先你要明白，你所知道关于别人的事情不一定可靠，也许还有另外许多隐衷非你所详细的，你若贸然拿你所听到的片面之言宣扬出去，非常容易颠倒是非、混淆黑白，传出去就收不回来，事后你明白了全部真相时，你还能更正吗？比如说：王某借李某的钱不肯还，真是岂有此理。昨天你对这个朋友说，这话是从李某那里听来的，他当然把自己说得头头是道。人们都觉得自己是对的，你明白了人类的弱点，就不会诋毁王某，因为，你若有机会见到王某，他也许会告诉你，他虽然借了李某一笔钱，但有一张借契押在李某手里，因房产跌价，到期未还清，只好延长押期，而李某则急于拿回现款，王某一时无法付清，则再立借据写明若房产因环境关系跌价，得延长押期，至李某将该全数收回为止。所以，不能说他是赖债。由此看来，双方皆有理由。

人世间的关系大半如此复杂，若不知内幕，则不宜胡说八道。社会上总有那么一些人，专好兴风作浪，把别人的是非编得有声有色，夸大其词地逢人就说。世间不知有多少悲剧由此而生。我相信，你不会做这种人，但偶尔谈论别人的短处，也许无意中就为别人种下恶果，而恶果滋长到什么程度，不是人所能预料的。对你无益，对人有损。要是有人向你说某某人的短处，你唯一的办法是听了就算，像别人告诉你的秘密一样。不可做损人的传声筒，并且不要深信片面之词，更不必记在心上。谈论别人，不可片面观察就在背后批评别人，除非这批评是有益于人。说一个坏人的好处，旁人听了以为你是无知；把一个好人说坏了，那就不仅是损害自己的品德问题了。

才智不是好胜

日常的许多事情，没有几件是值得我们要拿友谊为代价去争辩取胜的，而你却偏偏这样做。那么，这样的做人方法说明了你的精神和时间都不值钱了，更不要说到感情的损害了，除了彼此都有虚心的姿态，不存在半点成见，在某一个问题上专程讨论之外，一切的争辩都是应该避免的，即使这是一个学术性的争辩，你不要以为学术性问题的争论足以表示发扬文化的精神。

哲学争辩了两千余年，两千余年了，胜负还有待时间证明，尚未分胜负。心理学的争论也至少有几百年，现在仍然不分高低。你可以著书发表你的主张，但是不可在谈话中时时争论。才智是可敬佩的，但不是好胜，而且，你听过大智若愚的话吧，修养高深的人，决不肯与人计较。

你喜欢和人争辩，是否以为用议论压倒对方，就会得到很大的利益呢？你定会明白，你肯定不会压倒对方。即使对方表示屈服了，心里也必然会悻悻然。你一点好处也得不到，而害处却多了。好争辩，第一，它使你损害了别人的自尊心，因而对你产生反感情绪；第二，它使你容易犯专门挑剔别人的缺点和不足的毛病；第三，它使你积久变成骄傲，自以为聪明；第四，你将因此失掉一切朋友，内外交困，备受责责。

请你从体育比赛的精神做起吧，输了，不必引以为耻。而后，竭力去学习尊重别人的意见，友谊第一，比赛第二。好胜是大多数人的弱点，没有人肯自认失败的，所以，一切的争辩都是不必要的。谈话的艺术就是提醒你怎样游出这愚蠢的旋涡，更清醒地去应付一切的谈话。如果能够做到日常尊重别人的意见，你的意见也会被别人尊重的。如此，你所主张的就会很容易得到人们的拥护，不必把精神花在无益的争论上。你可以实现你的主张，你可左右别人的计划，但不是用争辩的方法来获取。如果你想借着某一问题增加你的学识，你应该虚心请教，却不可借助争辩，请记住：争辩是一场无期的战争。一百年、五百年、两千年都无法分晓。

用质问式的语气来谈话，易使人感情受伤。许多夫妻不和睦，兄弟不协调，同事交恶，都是由于喜欢质问式的态度来与对方谈话所致。有这种习惯的人，多半是胸襟狭窄、好与人为难的人，或者是脾气怪癖，或者是自大好胜，或者是患有心理上的毛病等等，以使人受苦为乐，所以，即使在谈话的小节上，也要把自己的品格表现出来。

除遇到辩论的场面，质问也是大可不必的。如果你觉得意见不一致，你不妨立刻把你的意见说出，何必一定要先来个质问，使对方难堪呢？有些人爱用质问的语气来纠正别人的错误，先质问，后解释，犹如先向对方打了一拳，然后再向他解释一样。这不需要的一拳，足以破坏双方的感情，被质问的人往往被弄得不知所措，自尊心受了大大的打击，如果他也是个脾气不好的人，必定恼羞成怒，激起剧烈的争论，致使双方感情破裂，伤害友情。

尊重是谈话艺术的必备条件

尊敬别人是谈话艺术必备的条件。使对方为难了，只不过是逞一时之强，得一时之快，对别人、对自己皆无好处。你如果不想别人有损你的尊严，那么，你也不可损害别人的自尊心。甚至于你对待下属、妻儿，如果有什么缺点、错误，你可以向他们询问，可以向他们解释，方法态度要来得诚恳大方，质问是不适宜的。如果你想获得对方的心悦诚服，越是在紧张竞争的场合越不可用质问的方法。当对方为你的质问所窘迫时，他虽然形势已趋失败，但他必怀恨在心，不会让你舒舒服服地得到胜利。虽然在人们的笑谑中，偶然以质问来取笑是可以的，不过不可用得太多，更不可使之成为习惯。倘若你专用质问的态度向人进攻，却被对方以更大的理由把你压倒，你将会大大地丢脸。以温厚待人就是为自己留有余地，向前猛冲时，站不牢而摔倒时，伤害当然也更厉害。不侵害别人，就是保卫自己。你轻率地进攻别人，假如估计失当，必然惨败，反而碰得头破血流。

人们做错了事，或做了吃亏的事，如果他自动告诉你时，他会坦白地承认错误。如果是你指出的，那么，他必有种种理由为他的错误辩护。你可以在你身旁的朋友或家人当中试试看，无论是极小的疏忽或错误，没有几个人能在一经指正之后，就坦率地、不做解释地承认自己的错误。唯有父与子、兄对弟，或雇主对部属，乃至知己朋友，会有互相纠正的义务。所以，绝对不批评人是不可能的。我们要研究的就是怎样批评。

　　纠正别人要具有极大的同情心，这样你不仅不会犯吹毛求疵的毛病，而且对于别人所犯的错误也必能加以谅解。你要时常想着，你是设法和他站在一边的，不是敌对的。说话要婉转和蔼，不可用刺激的，或使人听了不舒服的字眼。"你真糊涂，这件事完全弄错了！"这种说话方式是无人可以忍受的，无论父亲对儿子、雇主对员工，后者对前者虽慑于威势，但心里仍旧不会服气。说话时先要表示同情对方所犯的错误，使对方减少害怕，同时也减少羞愤之心，然后再把错误用温和的方法指出来。指正的话越少越好，能用一两句就用一两句话，使对方明白就行，并立即转到别的话题，不可啰唆不绝，使对方陷于窘境，感到无地自容，以致产生反感，伤害彼此感情。

　　对方的不妥当之处，固须加以指正，而妥当部分则须加以郑重赞扬，使对方感到自己有可取之处，达到心理平衡，而且对你的批评也会乐意接受，这是人的本性所决定的。而且，你这样既有赞扬又有批评，使对方感到你是一个公正的人，于是心悦诚服。改变对方的主张时，最好能设法将自己的意思暗暗移植给他，从而使他得到启发；由他自己去修正，这种修正使他觉得是自己的发现，而不是由别人指点，因而你改正别人的缺点的目的达到了，而他本人也因有了发现而高兴。对于那些无可挽救的过失，站在朋友的立场，你应当给予恳切正确的指正，而不是严厉的责问，使对方本来已难过的心情变得更差，只要使他知过而改即可。纠正对方时，最好用请教式的语气，用命令的口吻则效果不好。比如说：你不应该用红色！就不如说：你是否觉得不用红色会好一点呢？用声东击西的方法，以保护或激励对方的自尊心。

　　你自己有兴趣，是否别人也会发生兴趣呢？有些人喜欢絮絮不休地说他从前在学校的情形，说者津津有味，但却不会想到对方是否爱听，因为他既非你的同学，头脑中理所当然无你在学校生活、学习的印象。最可怕的，无过于把搓麻将的情形告诉别人。凡喜欢打麻将的人，大概都有一个好记忆力，至少是记忆麻将牌的本领。他可以把自己手上的牌、上下两家的出牌次序，以及自己如何获得辉煌胜利或者功亏一篑的情形记得烂熟，一丝不苟地对你背出来，这种记忆力真是使人惊异，可是对于其他方面却一点也记不住，这种人实在不招人喜欢。

谈话时竭力忘记你自己

人们最感兴趣的就是谈论自己的事情，而对于那些与自己毫不相关的事情，常觉得索然无味。你有最大兴趣的事情，常常不仅很难引起别人的同感，而且还会让人觉得好笑。年轻的母亲会热情地对人说：我们的宝宝会叫"妈妈"了，她这时的心情是很高兴的，可是，旁人听了会和她一样地高兴吗？这是很清楚的。谁家的孩子不会叫妈妈呢？你可不要为此而大惊小怪！这是很正常的事情，不会叫妈妈的孩子才是怪事呢。所以，你看来是充满了喜悦的，别人不一定有同感，这是人之常情。

竭力忘记你自己，不要老是啰唆，谈你的事情、你的孩子、你的生活。人人都喜欢自己熟知的事情，那么，在交际上你就可以明白别人的弱点，而尽量去引人说他自己的事情了，这是使对方高兴的最好方法。你以充满了同情和热诚的心去听他叙述，一定会给对方最佳的印象，并且会热情地欢迎你、接待你。

在谈论自己的事情时，和人家执拗或与人争辩等，都是不明智的表现。但还有一样最不好的，就是在别人面前夸赞自己——在一切的愚笨行为中，再也没有比夸赞自己更愚笨的了。例如，你对别人说，那一次他们的纠纷如果不是我给他们解决了，不知要弄到怎样，你们要知道，他们对任何人都不放在眼里的，不过当着我的面，就不敢妄动了。即使这次的纠纷的确因为你的排解而得到解决，可是你只说一句"当时我恰巧在场，就替他们排解了"的话，不是更使人敬佩？这件值得称赞的事情被人发觉之后，人们自然会崇敬你的；但如果你自己夸张地叙述出来，所得到的效果恰恰相反：人们会认为你是在自吹自擂，大家听了你的自我夸赞，反而会轻视你。一句自我夸赞的话，是一粒霉臭的种子，它由你的口里播种在别人的心里，从而滋长出憎恶的芽。

爱自我夸大的人，是找不到好朋友的，因为他自视甚高，睥睨一切，不大理会别人的意见，只会自己吹牛。他一心只想找那些奉承和听从他的朋友。他常自以为是最有本领的人，如果他做生意，他觉得没有人比得上他；如果他是艺术家，他就以为自己是一代大师；要是他在政治舞台上活动，他会觉得只有他自己是救世主。面子是别人给的，脸是自己丢的。你若是具有真实本领，那些赞美的话应该出自别人的口，自吹自擂，其结果是自己丢脸而已。凡是有修养的人，必定不会随便说及自己，更不会夸赞自己，他很明白，个人的事业行为在旁人看来是清清楚楚，没必要自己去说，人们自会清楚。

请你不必自己吹擂，与其自己夸赞，不如表示出谦逊。也许你以为自己伟大，但别人不一定会同意你的看法。自己捧自己，决不能捧得太高。可以夸大自己事业的重要性，间接为自己吹擂，纵使你平日备受崇敬，听了这话你也觉得高兴的。世间没有一件足以向人夸耀的事情，自己不吹擂时，别人还会来称颂；自己说了，人家反瞧不起你了。

千万不要故意与人为难，有的人专门喜欢表示自己与别人意见不同。如果你说这是黑的，他就硬说这是白的，但是，如果下一次你说这是白的，他就反过来说它是黑的。这种处处故意表示自己与别人看法不同的人，和处处随声附和的人一样都是不老实的，被人看不起，甚至被人们所憎恶，是不忠实的朋友。

口才是帮助你待人处世的一种方法，口才的本身，并不是我们的目的，没有人愿意做一个口才很好，却到处不受人欢迎的人，不要为了表现你的口才而到处逞能，惹人憎恨。口才一定要正确而灵活地表现，而不是为了自吹自擂宣扬自己。

听了对方说话之后，发现其中有一点与自己的意见不同，立刻就提出异议，对方一听立即以为自己的意见全被否定了，这当然是一件严重的事情。在这种场合，我们一定要记得预先说明哪一点或者哪几方面自己是完全同意的，然后指出自己与对方意见不同的地方。这样，对方很容易接受你的批评或修正，因为，他知道双方对于主要的部分，意见是完全一致的，而你所不同意的地方也是对方的次要方面的意见。

不要抹杀别人的一切意见，如果抹杀了人家的一切，别人的好处一点也不承认，这样，谈话就可能不融洽，要再继续谈下去也有困难。无论你的意见和对方的意见距离有多远，冲突得多么厉害，我们要表现出一切可以商量的胸怀，并且相信，无论怎样艰难，大家都可以得到比较接近的看法，使双方不致造成僵局。

什么都可以谈，但是，在浩渺无边到处都可以航行的谈话题材的海洋里面，也有一些小小的礁石，要留心避开它。对于你所不知道的事情，不要冒充内行。这是一种自欺欺人的不老实行为，你知道多少就说多少，没有人要求你做一个百科全书，即使是一个最有学问的人，也不可能无所不知。所以，应坦白承认你对于某些事情的无知，不知道绝不是一种耻辱，相反的，别人认为你的谈话有值得参考的价值，没有吹牛，没有浮夸，没有虚伪。

不要对陌生人夸耀自己的私生活，例如，你个人的成就，你的富有，或是老向别人说自己的孩子怎么怎么了不起。不要在一般的公共场合把朋友的缺点和失败当作谈话的资料，不要老是重复同样的话题，不要到处诉苦和发牢骚，诉苦和发牢骚并不是一种良好的争取同情的手段，做人的基本态度也应该是这样。

在生活中提炼口才

言语以生活为内容，有生活，有实践经验，就有谈话的内容；有丰富的生活内容，有丰富的实践经验，谈话的内容自然也比较丰富。因此，对于国家、社会、生活、你的朋友亲属、同事等等，都要经常注意而且关心。你对于所见所闻，都要加以思考、研究、分析，尽量去了解它们发生的过程，而不是对什么事情都漠不关心，静静地在眼前、耳边溜过去，失去学习和积累知识的机会。在社会生活中，你要随时随地都计划、安排、改进你的生活，而不是马马虎虎地过日子，让机会白白流掉。

你是不是认为自己和国家大事、社会人群息息相关，而不是安于做一个井底之蛙，对身外事都不闻不问呢？如果这些问题的答案都是肯定的，你就是一个善于思考、善于观察、遇事认真、朝气勃勃的人，那你就和口才的高水平距离不会远了。即使你现在还是一个不大会说话的人，你也已经具备了雄厚的、扎实的本钱。如果不是呢？那就需要你下决心和努力了。

在你看报纸的时候，拿一枝红蓝铅笔，把每天三五条感兴趣的新闻，或是所见的好文章勾起来。要是能够剪下来，就更好了，每天即使只有两三条，两个星期后，你也记得不少有趣的事情了。你在看报纸杂志、书籍的时候，每天只要记住其中的一两句你认为很有意义的语句，用红蓝铅笔在那句话旁边画上线，要是能抄在你的日记本上或是笔记本上就更好，收效会更大。开始的时候不要贪多，你还没有这个习惯。否则，不用几天，你就会厌烦放弃了。如果你每天不停地记一两句，坚持三个月，你就会发觉你的思想比以前丰富得多了。谈话的时候，会很容易想起你学习过的内容，甚至会用自己的话把它们发挥得更好。这些有意义的话，随时随地都会从你的头脑中跳出来，帮助你，解救你。在听演讲时，在听别人谈话时，随时都可以遇见表现人类智慧的警句、谚语。把这些记在心中，抄在本子上，久而久之，你谈话的题材、资料就越来越多，你的口才就越来越纯熟了。久而久之，你简直可以出口成章，随便说什么都可以有条有理，思想也丰富了。

为了提高我们的口才能力，这里举几个我们常用的话：（1）无论何时都不要拒绝工作中间的细小事情，因为伟大的事情是由细小的事情构成的；（2）爱一个人，最要紧的是爱他的将来；（3）个人要顾及全体，因为保护他的是团体；（4）无论哪一个人，如果他给我的是束手束脚的爱和友情，那我就两样都不要；（5）事业使人永生，生命是要在活动中才能成长起来；（6）对于学习，永远没有老年的时候，对于改过，永远没有太迟的时候；（7）聪明人从傻瓜那里学到的，比傻瓜从聪明人那里学到的多；（8）爱她，那么为什么要她牺牲她辛辛苦苦多少年努力的学业或社会的地位呢？（9）无论你男朋友说他怎样爱你，都是假的，唯有行动才能说明问题；（10）请你放心，我是很看重我自己的前途的。

为了远大的前途，就不能太偷懒、太马虎、太随便，要树立大志，坚定信念，不断搏击，拼搏前进，永不停息，即使有大的困难，也要不断奋斗，要强迫自己努力去实现自己的目标；将来的收获绝不仅仅是使别人羡慕你的口才，对于观察问题、思考问题都有尖锐的目光，学识和经验也会丰富起来，想象力、敏锐性都大大地增强了。"他出去找一匹驴子，结果却发现一个王国。"这是说人常常有这种机缘，这就是运气，运气和个人奋斗是分不开的，长期不懈地奋斗和好运气是画等号的，两者不可缺一。本来自己所要求的很少，结果却得到超出想象的收获。学习口才能力，也使你将来得到的不只是口才的提高，还有比口才这驴子不知大多少倍的"王国"。这王国是什么呢？是你的伟大而丰富的生活。你整个的品质和各方面的能力，都会大大地提高。

对于谈话的题材和资料，一方面要懂得去吸收，一方面要懂得去应用。如果懂得去应用，就是一句普普通通的话，也会得到惊人的效果。学习吸收的目的是为了应用，不应用的学习吸收毫无意义，等于白费工夫。

有一个慈善家，他发动他的朋友们去募捐，供建教堂之用。募捐的情形是很困难的，他有一个朋友打算放弃这项工作，并且引用一句古诗"十扣柴扉九不开"来说明募捐困难的情形。十扣柴扉九不开，真是把募捐困难的情形形容得恰到好处，听了叫人们多么灰心丧气啊。但是，这位慈善家把这同一句话以另外的角度去解释，同样的话就得了完全相反的效果，他说："不错，我们现在的情形是十扣柴扉九不开，可是这也是说十扣柴扉有一扇开。那么，我们要敲开十扇门，只要努力一点，多敲几十次门就是了。"于是，他把这句"十扣柴扉九不开"的诗句，发展成"百扣柴扉十扇开"，鼓舞了他的朋友，从而完成了募捐。

从前有一个发明家想发明一件东西，他和他的助手们已经进行了 1642 次试验，可是都失败了，他的助手说："你看，试验了1642 次，一点用也没有。"这个发明家说："为什么没有用呢？这使我们知道了 1642 次不成功的方法，积累了 1642 次失败的经验，那么，要成功就必须在这 1642 次方法之外去找。"

有一个音乐家，因犯罪关在监牢里，但他仍经常拉小提琴。到了执行死刑的前一天，狱卒就问他："明天你就死了，今天你还拉它干什么呢?"你猜那位音乐家怎么回答呢? 他说："明天就要死了，今天我不拉它，还有什么时间拉吗?"视死如归，用笑容去迎接死神，在死面前心里非常平静。

有口难言的原因

很多人都有这种情况：你有相当多可以谈话的题材和资料，在你听别人讲话的时候，你自己虽然不出场，可是你心中随时都在起反应，在你心中翻起激浪，在你心中产生共鸣。你自己独自在沉默中对所讲的话在心中加以批评，加以补充，可是一切都没有说出口来。

在这种情形下，你可能有几种原因。有口难言，可能是你本人怕羞，你不敢把你的意见说出口来。你不敢预测说出来之后的效果怎样，你怕人们笑你，或者是在心里有什么意见。自然，有的时候你会遇见别人笑你，每个人都会偶尔遇见这种情形。

有人生来专门取笑别人。你错，他固然要笑你；你对，他也仍然要笑你。无论你说得好、说得坏，总之，他就好像有天生的特征来取笑你那样，总在你身上找出他认为可笑的地方。这种人到处都要用压低别人的方法来抬高自己，随时都要打击别人的自尊，摧毁别人的自信，并以此为荣、为乐。在你周围、在你的生活圈子里，可能就有这么一些人存在，他不但是你口才无法发挥的主要原因，恐怕他还会给你在性格上造成扭曲，例如，怕羞、胆怯、自卑、优柔寡断等等的缺点。如果他是你家中的成员，或是在你小时就已经跟你接近，那对你的影响更大，不幸就更要加深。

如果你只是普通的害羞，那在这里告诉你一个最简单有效的方法。你不是怕别人笑你吗？你为什么会怕人笑你呢？一定是有人笑过你，你才会怕人笑。如果你从小到大从来没有被人取笑过，你怎么会怕呢？你从何而怕呢？你觉得我说得对不对？如果你相信了这一点，那么，你就要好好地回忆一下，把以前被人笑过的事实追记出来：在你几岁的时候？在什么人面前？是为什么事情？现在我们谈的是口才，我们更关心的是你那时说了什么话，虽然别的事情也仍然会和口才有关。

我们常常是经过一些事情，使我们的心灵受了什么刺激，到后来，日子久了，那件使你受刺激的事情已经模糊了、忘记了，而那个刺激发生的影响还是存在的。最初是怕某一些人或某一件事，到后来我们便笼笼统统地怕起来，即使那一个人或是那一件事老早就不存在了，而我们的怕，却是总跟着我们，使我们变做一个胆小怕事的人。现在只要把以前那个笑你的人，或是使你被笑的那句话，在回忆中找出来，认识清楚怕的来源，挖出怕的根，你就不觉得怕了。

不是有一个人笑过你吗，那么，这就是说并不是每个人都要笑你；不是你曾经说了某一句话，别人才笑你的吗？这就是说并不是你每说一句话，别人都要笑你。如果是你的话可笑，可笑的是那句话，那么，别人笑的只是你的那句话，不是笑你。如果别人说了那句话，你听了也会笑的，你难道就没有笑过别人吗？谁都笑过别人，谁都被人笑过，这是很平常的事。你必须明白，为什么那句话会可笑。还有，如果那个笑你的人是一个喜欢取笑别人的人，那么，多半错在笑你的人而不是在你的身上；这个人不只取笑你，还会取笑别人，什么人他都取笑，只要避免在这个的面前说话就可以了。喜欢取笑人的人，他自己必定会被人取笑，被人看不起，这种人人格差劣，对人情礼貌都不懂，是一个混世鬼，这类人大家都会疏远他。

在我们的世界里，人与人之间充满了互相尊重、互相同情、互相帮助的气氛，同时也存在着互相轻视、互相讥笑、互相欺侮的气氛。有轻视别人的人，自然同时就产生了被别人轻视的人，也就同时产生了因为被人轻视而养成害羞习惯的人。因此，我们一方面不要因为别人笑，就什么话都不说；一方面千万要注意自己不要沾染上此类恶习，不要总是说别人，而自己存在这类恶习。

不要取笑别人，尤其是那些因为怕羞而沉默寡言的人，说一句话就面红耳热的人，我们应当特别体谅他们，尊重他们，同情他们，鼓励他们，帮助他们，使他们在人们面前大胆地说话，自由自在地说话，不要以为他们不说话就以为他们什么都不懂，其实他们的心里有许多宝贵的意见，也藏着许多急于让人解答的难题。

有口难言，也可能是你对自己要求太高。你希望你的每一句话别人听了都很佩服，只要你一开口，别人都立刻静下来听你讲话。你看见有许多人能够做到这一点，你佩服他，你羡慕他，你希望你也能和他一样，可是当你发现事实并不如此的时候，就失望了，气闷了，因此，你变成一个不大出声的人。如果你是这样，那医治方法倒不难了。

你对自己要求高一点，那是应该的，或者说是值得鼓励的，不过你同时也要认清楚一点：口才也和其他的各种才能一样，不是一下子就可以达到很高的水准的。你看那些口才很好的人，他们之所以有那么高的水准，就是因为他们肯不断地练习，一步一步地提高，如果你早几年见到他们，听过他们讲话，也许他们那时的口才连你都不如呢。

有口难言，可能是你不明白话是要一句一句说出来的。有许多人都有这种情形，想把所有的话一下子全倒出来，想一下子说清楚他们的感觉、想法、主张、意见，这自然是不可能的。于是他们就摇摇头说：不行，我说不出来，我知道，可是我说不出来。或是说：我要说的话太多了，反而一句也说不出来。正如所谓一部二十四史，不知从何说起。一句都说不出来吗？你不妨先说一句试试看；不知从何说起吗？从什么地方说起都可以。说话到底不是做文章，做文章都可以写出来之后再删改，说话为什么不能说出来之后再补充修正呢？你先说第一句，自然一句话并没有把你的意思说完，而且还差得远呢。

你说出一句话，不管是不是，那是很简单的，再加上一句，还不够，再加上第三句、第四句，这样讲下去，讲完一段，再讲一段，今天讲不完，明天再讲，明天没有时间，约一个时间再讲，发现什么地方讲得不对了，还可以加以修正。这样讲下去，多么长的故事也可以讲完的。的确，有些事情三言两语就够了；有的事情的确要花相当的时间和力气才能交代明白，不要以为什么都可以一下说完的。而是，不要心急，不要偷懒，对于那些难以说明的事，讲一点是一点，讲一段是一段，否则，永远不能把你要讲的讲出来。

就事实而言，有些事情必须讲明白才能互相谅解、互相合作。怎么办呢？回答是"讲不通又有什么办法？"俗话说：鼓不打不响，理不讲不明。为了要使人明理，许多人讲啊讲啊，讲了多少次。而且还有许多人跟着讲下去，因为必须讲通，讲不通的想尽办法也要讲通，否则，有许多事情就办不通了。

那些以为别人讲不通的人，有一个地方他没有想通。每个人都有他自己的看法，而这个看法是经过长时期形成的，经过长期形成的东西，也是必须要相当地努力才能改变的。所以，千万不要三言两语就希望跟你意见不同的人马上同意你，否则就说别人固执、成见很深、不可理解等等。有些人总觉得没有人了解他，因为他一讲什么，只要一遇到不相同的意见，或是没有百分之百同意他的意见，他就急甚至于生气。他根深蒂固地认为人与人之间是没有办法互相了解的。至少，他承认他是一个不能被人了解的人。

对于讲不通的看法，要探讨各种讲得通的技术。使讲不通的可以变成讲得通，这就是我们研究如何提高我们口才的主要目的。

为了免犯许多可以避免的错误，为使我们大家可以过互相了解、互相同情、互相合作的快乐的日子，为实现这些高尚的目标，让我们好好地锻炼我们的口才吧。口才虽然不能解决一切问题，可是它能使我们解决许多问题，办许多事，交许多朋友，克服许多障碍，学到许多东西。

口才好的人，说话精致细腻

有人特别爱用某一个字表达太多的意思，不管这个字本身有没有那么多的含义。例如，有人喜欢用伟大这个字，于是乎在他的话中什么都伟大了起来，你真太伟大了！这文章太伟大了！今天吃一餐"伟大"的午饭。最妙的是有一个朋友喜欢用"那个"代表一切的形容词。你听他说的是些什么意思吧：今天太那个了。他这个人很那个，是不是？我觉得这点事有点那个。这一类的毛病，大概由于太偷懒，不肯去动脑筋找一个恰当的词句。要多记一些字句，才能生动而恰当地表达你的思想。

在"好"的这个概念之下，有精彩、优美、善良、出色、美丽、愉快、呱呱叫以及许多其他的表示方法。不要那么简单地说：他是一个好人；这个茶杯很好；这篇文章写得太好了。只要你肯于学习，便可以用上生动的词语了。他是一个心地善良的人；这个茶杯很精巧，独具一格；这篇文章写得很生动、很精彩。这样说便能给你添光，使人感到你有文化修养，说话有文采。

如果你只说他是一个好人，不错，可是他是怎样的好法呢？从最伟大的人到普普通通的人，没有犯大过的人都可以说是一个好人。他可以是一个心地善良的人，也可以是一个热心服务的人，也可以是一个老老实实的人，也可以是一个力求上进的人；他可以是一个劫富济贫的强盗，也可以是一个拾金不昧的乞丐……到底他是一个怎样的好人呢？没有一个标准答案，难以衡量好在什么地方，好在哪个方面。同样的道理，你说这个茶杯好，是样子好？是颜色好？还是质量好？还是价钱便宜好？还是最合你的心意好？极不明确。口才好的人，说话周到细腻，丰富而又活泼，不要像三岁小孩那样，翻来覆去，只有几个极简单的字。

谚语本来是很富于表现力的，也很精练，不过，不要三句话里就有一个谚语。用了太多的现成说法，会使人听了觉得油滑，而且也太使人眼花缭乱，好像一个美丽的姑娘，带了满头满身珠宝，不但淹没了她原本的美丽，而且使人觉得累赘之极。在适当的地方用上一两句谚语，就显得生动而有力量。

有些时候某些名词流行起来，在文学上、口头上被普遍地应用，这种词句也最容易被一般人不加选择地乱用一番。如真棒、真帅、迷你等等都是经常被滥用的字眼。

夸张语法有一种引人注意的效果，不过，如果太喜欢用它，或是用得不恰当，反而使人不注意或是不相信。你不可能每天说的话都是非常重要的消息，也不可能每次都讲最动人的故事，或最可笑的笑话，你所看的书不可能每一本书都是最精彩的，你所认识的好朋友不可能个个都是最可爱的。不要到处随时随地都用最、极、非常、无限、否则等等，如果在你这无数"最"中，有一个真正的"最"，你又当怎样表示呢？

把自己的经历讲得太琐碎，是不明智的，自己的经历是最容易讲得生动、精彩的，很多人都喜欢听别人讲他自己的亲身经历。在新闻报道里，目击者和当事人的讲述也是最吸引人的，有很多人以亲身经历为根据写出小说，拥有广大的读者，甚至改编成电影，也很卖座，其原因就是其文字富于真实性、生动性。

但并不是每个人都很会讲故事，所以，当许多人讲自己经历的时候，自己一味起劲地说下去，对自己所经历的事情都觉得有味道，都觉得有讲一讲的必要。其结果反而使听者茫茫然，无头无绪，索然无味。这是犯了什么毛病呢？在这种场合，最容易犯的毛病是引用的对话太多了。例如：你说你自己什么人，以下就是他说……后来我又说……他又说……那么我就说……他的太太这时就说，所以我说……像这样的说话方法，他们说，我又说，使人们听了容易被搞糊涂了，不知所云，乱如麻，分不清。

不同的场合，谈话声音不同

生活中每个人都会使用尖音，如唤人、争吵之类。但无论如何，尖音给人的感觉是不愉快的。因为尖音刺耳，使人神经紧张，破坏了人们心境的平静，使情绪受到影响。

有的人声音缺乏活力、气势、热诚，这主要是音量太低。千万不要把柔和清晰的说话与低语混为一谈。有些舞台上用的低声说话，能使剧院最前到最后排都听得一清二楚，而说话中的低语由于没有起码音调，丧失大部分共鸣的声音，使人听起来很吃力。

对于谈话声音的高低，在不同的场合，音量有大有小。现在的公众场合一般都有音响设备，人们往往把音量尽量放大。至于一些场合如演戏、歌唱晚会等，则追求更高的艺术性。花前月下的男女柔情蜜意，则其声音很小，从而产生温柔感。对一些善意的规劝、诚恳的认错，都宜用较小的音量，个别夫妻小两口闹口角，其原因往往因一方的声音太大所致。粗大的音量给人的感觉是质问、斥责、态度生硬等，人们难以接受；声音适当则表示关切、商量等。

| 第八章 |

高情商赞美拉近人间距离

赞美也要区分对象

"赞美他人要分人说"是说通过了解对方的性格、喜好以及心理倾向，拿捏好对方的内心情感，根据不同人的心理需求，把你的赞美之词用合适的言语表达出来，让对方的虚荣心得到满足，达到你预想的效果。

很多年轻人在表达对别人的赞美之情的时候，总是按照自己的意愿确定表达的尺度。有位哲学家说过："世界上没有两片相同的树叶。"每个人的性格脾气不一样，即使面对同一句赞美，也会有不同的心理反应。这就需要我们表达赞美之时要分人。根据人的不同心理需求，把赞美的话说得妥当贴切。只有这样，你的一番赞美才能让别人产生愉悦之感，否则，你的"热脸"势必要贴在别人的"冷屁股"之上了。究竟如何分人说赞美的话呢？

1. 赞美别人要考虑性格

每个人都有不同的性格倾向，有的人开朗，情感热烈，而有的人则相对内向一些，情感平和。性格开朗的人往往喜欢表达，因而也喜欢直接、热烈的赞美，而性格内向的人则不善于表达，自然喜欢含蓄委婉的赞美。所以，在表达赞美的时候要把握好分寸。

比如赞美一个性格外向、开朗活泼的女孩子时，不妨说："你太漂亮了""你非常有魅力"等，她听后往往会很开心；而赞美一个性格内向的女孩时，则要说："你犹如一道亮丽的风景线。"对方自然会感受到你的赞美。

2. 赞美别人要注意喜好

同样，有的人比较喜欢爱慕虚荣，听到别人的赞美便会心花怒放，你表达得越热烈，对方越高兴。而有的人则喜欢低调，比较自我。对于爱慕虚荣的人，在表达赞美的时候，不妨直接一些，热烈一些，这样会极大地满足他们的虚荣心，他们自然会喜欢你。而对于比较自我的人来说，表达赞美就要含蓄一些，适可而止。否则，会让对方觉得你在说客套话，并不是真心实意地赞美他，不但不接受你的赞美，还会因此而对你产生反感。

3. 赞美别人考量对方的接受程度

有的人做事情的时候比较张扬，他们内心深处更加渴望得到别人的认可和肯定。对于这种人，在表达赞美的时候，不妨直接一些，热烈一些，适当地带一些夸张，往往会让他们迅速地自我膨胀。比如赞美一个比较张扬的人有才华，不妨说："你真是太有才了。"或者说"学富五车，才高八斗"等，他们听后往往心花怒放。

相反，有些人则比较内敛，觉得过分的表现就是骄傲，对于别人赞美的接受程度也不会太高，在赞美他们的时候不要有太多的修饰词，你只要表达出自己的真情实感就可以了。比如赞美一个低调的人有才华，你可以说"你挺有才华的""很不错，我很喜欢"。当然，如果你说一句"真人不露相"他们会更开心。

很多年轻人在表达赞美的时候，不去了解和把握对方的脾气个性，总是按着自己的喜好胡乱表达，觉得自己是喜欢和欣赏别人，别人没有理由不喜欢自己。如果你这么想那就大错特错了。

每个人都有自己的性格脾气，都有不同的心理需求，他们接受别人的赞美，也是按照自己喜欢的方式来作出判断。如果你的赞美不能满足他们的内心需求，或者与他们的内心需求相左，那么，显而易见，他们是不会喜欢你的。

要赞美不要奉承

"要赞美不要奉承"是说通过表情、动作和适当的言语，表达自己内心中的真实感受，向对方传递你的欣赏和仰慕，而不是点头哈腰、溜须拍马，刻意地说违心话讨好别人，这样，别人因感受到你的真诚而喜欢你，达到赞美所诉求的效果。

很多年轻人往往将赞美和奉承混为一谈，觉得赞美别人就是要说让对方高兴的话。事实上这种认识是片面的。尽管都是在说对方的好，目的都是让别人内心愉悦，从而喜欢你，可是两者之间还是有本质的区别。赞美是不违背自己的意愿，真情实意地表达，传达的是真诚和尊重。而奉承则带有很强的目的性，只是为了取悦别人。从一定程度上说，是违心的，是对别人的侮辱。这就需要我们在赞美别人的时候，不要带有很强的目的性，不要刻意地委屈自己而讨好别人。这样，你的真诚才会赢得别人的喜欢。怎样表达才算赞美而不是奉承呢？

1. 要表达自己的真情实意

赞美别人的前提，是因为别人突出的优点和卓越的表现赢得了你的认可，征服了你的心，是真情实意的流露和表达。在表达赞美的时候，眼神、表情以及动作都表现出来对别人的渴慕。这时候，你的关注点在于自己的情感流露。相反，在奉承别人的时候，你的着眼点在于取悦人心，在表情和动作上会刻意地迎合别人。

比如，你在赞美一个人演讲很精彩的时候，你会说："你的演讲真是太棒了！"同时，你可能会望着对方，微笑着鼓掌或者竖起大拇指。而你在奉承别人的时候，则会说："你的演讲很精彩，让人听了如醍醐灌顶，精彩绝伦，我们听得如痴如醉。"同时，也会伴随着弯腰点头，不断地去迎合对方的情绪。当然，谁都喜欢接受别人真诚的赞美，而不喜欢接受别人违心的奉承。

2. 不要有过于强的目的性

一个真诚的赞美，在很大程度上会获得别人的认可和喜欢。相反，违心的奉承则往往让人觉得过于客套而有所顾忌。但是，如果你在赞美别人的时候有过于强烈的目的性，那么，你的赞美在不经意间就会变成阿谀奉承，使你的真情表达变了味道。因为你的着眼点变了，你说话的重点也就随之转移。比如，你赞美一个女孩的裙子很漂亮，如果你是表达感情，你可能会说："你的裙子很漂亮，很适合你。"但是如果你有了过于强的目的性，你就会在后面加上很多迎合对方的话。这样，你的赞美也就变成了奉承。你传达的情感不一样了，对方的感受也会发生变化。

3. 千万不要委曲求全

赞美和奉承一个最大的区别就是，赞美是表达对别人的欣赏，是真诚的情感流露，不存在委屈自己一说。但是奉承则是为了取悦别人，刻意地迎合别人，有时候会违背自己的意愿，表现为委曲求全。

比如，你赞美一个人的舞蹈跳得好，但你又发现存在不少的问题。这时候，你会真诚地指出来，因为你坚持了自己的感受。而你在奉承别人的时候，明知道有问题，也会尽量去掩饰，说尽好话，你生怕说出不足会引起对方的不悦，你的好话就是违心的。在这个世界上，大多数人还是喜欢真诚的赞美，而不喜欢违心的奉承。

很多年轻人在表达赞美的时候，往往拿捏不好这个度，让自己的真情流露戴上了功利的帽子，而受到别人的质疑和冷遇，这使很多年轻人变得迷茫。事实上，你只要坚持自己，真情流露即可，不要为了赢得别人的好感而刻意地去迎合。别人需要的是你的肯定、认可和欣赏，需要的是你真诚的赞美，而不是委曲求全的迎合。

巧用别人的话赞美对方

"巧用别人的话赞美对方"是说通过借助第三者的赞美之词，把你对对方的欣赏和喜欢表达出来，从而赢得他人对你的好感。

很多年轻人不善于表达，总是觉得把自己内心的喜欢和欣赏传递给对方是一件非常难为情的事情。即使在表达的时候，也不知道说什么好，勉强说出来也是平平淡淡，并不能抒发自己的真情实感。这时候，不妨巧妙地借助别人的话来抒发你的情感，把你对对方的肯定和认可传达出去。这样，既克服了因为自己词穷而无法实现达意的尴尬，又不会因为流露感情而不好意思，同时，还能赢得他人的好感，何乐而不为呢？那么，如何才能巧用别人的话赞美对方呢？

1. 多用些名人的经典话语

通常，一些名人说过的经典话语往往成为真理。不管是语言还是词义的表达都很丰富。借助名人说过的经典话来赞美别人，更能使你的真情实意得以很好地表达。尤其对于一些拙口笨舌、不善表达的人来说非常有效。因为在说这些话的时候，并没有流露你自己的情感，可是却让对方感受到了你的真诚。

比如赞美一个人刻苦用功，你可以引用一句名言"一分耕耘，一分收获"或者说"头悬梁、锥刺股"和"闻鸡起舞"，用典故的含义表达你的赞美之情。用这些经典的名言和典故远比你说"你真是太用功了"效果好得多。

2. 引用别人的话要表达准确

通过借助别人的话表达你的赞美之情的时候，要表达准确，否则会让表达的赞美之情大打折扣，甚至适得其反。

比如，张三曾经在你的面前夸奖过李四，说他非常仗义，对待朋友真诚。那么，你看见李四，表达很欣赏他的义气的时候，不妨说："张三曾经多次说你这人很仗义，他就喜欢你的这一点。"通过张三的话，表达了对李四的赞美和肯定。如果你将张三的话表达错误，那么传达出的意义便大相径庭。这时候，对方不会和张三计较，却会因此而迁怒于你。

3. 引用别人的话要合适

如果一个人在赞美别人刻苦用功的时候，却说"勤以修身，俭以养德"。那么别人会觉得你不是在赞美他，而是在笑话他修为低、品德差，因为你说的话不但没有把你的真情实意表达出来，反而对对方提出了要求。这样的赞美往往会引起对方的不满。在借助他人的话赞美别人的时候，话要选择合适，才能把情表达得真诚。这一点，年轻人一定切记，不要以为是好话就可以随便说。如果你说得驴唇不对马嘴，那么就失去了赞美的意义。

很多年轻人在借助别人的话来表达自己的一番赞美之意的时候，往往不知道如何借助才能达到预期的效果。事实上，大可不必为此而烦恼。你只要运用好你肚子里的墨水，在恰当的时候把最恰当的话说出来，你的真情实意自然就被表达出来，传递到对方的心里。对方受到了你恰如其分的赞美，自然会对你产生好感。

真诚的赞美谁都愿意听

"真诚的赞美谁都愿意听"是说通过眼神、表情、动作以及恳切的言辞，将内心里真实的情感表达出来，让对方感受到你发自肺腑的欣赏和仰慕，最终赢得好感。

很多年轻人在表达赞美的时候认为，只要自己的心是坦诚的，别人一定能感受到。可是结果往往事与愿违。很多赞美不但没有让别人喜欢你，反而引起了他们的反感。不可否认，真诚的赞美谁都愿意听，可是尽管你的心一片赤诚，但在表达的时候，却没有表达出来。要想让别人感受到你的真诚，就要学会表达，学会在言辞、表情上向别人传达你的真诚。人内心的真实情感往往在这些方面有所流露。如何让你的赞美更加的真诚呢？

1. 适当和对方进行眼神交流

俗话说：眼睛是心灵的窗户。一个人内心的真诚往往会通过眼神流露出来。同样，别人在跟你进行交流的时候，也会通过你的眼神来甄别你所说的话的真伪。当然这并不是说要你直勾勾地盯着别人看，而是要你不要逃避和他人眼神的碰触，目光不要四处游走，更不要望着天花板和地。人在说谎的时候，眼神就会有这些反应。

在这个过程中还要注意一点，眼神要多往右上角凝聚，因为人在表达真诚的时候往往眼神会往右上角转移。当你和对方进行眼神交流的时候，你们的心理距离也会被慢慢地拉近，你的坦诚自然传给了对方。

2. 多注意一些身体的小动作

人的嘴巴可能会欺骗人，但是身体却不会说谎。在你表达真诚的赞美时，别人会通过你身体的一些小动作来判断你的表达是否真诚。

比如，一个人在说谎的时候，会下意识地把手放在嘴上，或者是摸一下鼻子，说错了之后会摸耳朵、捋头发等，这些肢体语言都是在传达他说了违心话。同样，表达你的欣赏的时候，你会鼓掌，或者是竖起大拇指，或者是双手交叉重叠放在身前，身体会主动向对方靠近，还有不断点头等。在表达你真诚的赞美的时候要注意这些手部的动作所传达的不同意义。

3. 言辞一定要恳切一些

除了在表情和动作上传达你的真诚之外，最主要的还是在言辞上要诚恳一些、热烈一些。用你内心迸发的热情来感染对方的情绪。当然，这还需要配合表情和动作。

比如，你在表达对一个人卓越表现的赞美的时候，要一边鼓掌，一边用热烈的笑声传达你的热情，而且还要说："你真是太棒了！"在"太"上还要加重语气语调，让你浓浓的敬佩之情通过你热烈的表达传递到对方的心里。

很多年轻人在表达真诚的时候，往往不能很好地把表情、语言和动作配合起来。表情到位了，可是动作却没有到位，再加上言辞表达不够热烈，往往引起别人的误会，觉得你是口是心非，你的赞美也就失去了意义。在表达赞美的时候，要想把你内心的真诚表达出来，就要多留意表情、动作和言辞等的细微之处，和谐运用，才能让别人感受你的一片赤诚，才能赢得别人的好感。

对方的成就是你赞美的开始

"对方的成就是你赞美的开始"是说通过对对方取得成就的原因、取得成就的大小以及取得成就的意义进行了解和把握，拿捏好对方内心的情感阀门，通过适当的表达，把话说到别人的心坎儿上，迅速地拉近心理距离，赢得好感。

很多年轻人在跟不熟悉的人接触的时候，往往觉得对方没什么可赞美的。如果你这么想就大错特错了：任何人都有值得别人称赞的地方。你不了解对方的优点，但是你却可以打听和了解他曾经取得的成就。

事实上，这也是别人所津津乐道之处，最渴望得到别人的肯定和认可的地方。如果你在和对方接触的时候，迅速地赞美他的丰功伟绩，别人自然有余地发挥，心情愉悦也就自然而然了。赢得好感是水到渠成的事情。那么，如何对别人的成就进行赞美呢？

1. 在对方取得成就的原因上赞美

俗话说："一分耕耘，一分收获。"任何人取得成就都不是凭空而来的。别人之所以取得成就，是因为付出了艰辛的努力。但是很多时候，别人看到的是他的成就，而忽略了他的付出。在赞美别人的时候，不妨在他的付出上"做文章"。

比如，你接触一位曾经在运动会上获过奖牌的人，你赞美她的时候，不妨这么说："你当年获得奖牌，想必付出了常人难以想象的努力。作为一个十几岁的女孩子来说，能吃得了这个苦，实在是太伟大了。"当对方听到你这么赞许她，会觉得你理解她、懂她，自然会对你产生好感。

2. 在对方取得成就的高度上赞美

对方取得成就的高度往往是最值得骄傲和炫耀的地方。因为成就的高度往往证明的是对方能力的大小。在成就的高度上赞美别人，正好迎合了对方内心的情感需要，也更能使对方内心愉悦。

尽管在成就的这个点上，对方听到的赞美之词数不胜数，可是当你表达了赞美之情后，对方依然会满心欢喜；依然会迅速地拉近心理距离，对你产生好感。

3. 在对方取得成就的意义上赞美

任何人做事情都有目的性。同样，对方取得了成就之后，给自己、给别人以及给社会带来了哪些意义，往往也是值得肯定和赞许的。因为赞美对方取得成就的意义，无疑是充分肯定和认可了他的价值所在。如果没有这些意义，那么他所取得的成就也就没有任何的用处。

比如，赞美一个孩子考上了名牌大学，你赞美他的时候，不妨把着眼点放在他取得的成就所承载的意义上。你可以这样说："你考上了名牌大学，没有辜负父母的一片苦心，为自己赢得了一个辉煌的前程。"

很多年轻人在表达对别人的成就赞美的时候，往往只看到了他所取得成就的高低，在对方的成就上不断地称赞。当然这并没有什么不妥，但是却赞美得不够到位，不够深刻，只停留在表面上。对方对你的感觉也只是停留在表面上，对你的印象自然不会深刻，对你的喜欢也会有所保留。因此，在赞美别人的时候，对方所取得的成就往往是首选。但是，赞美成就不能只停留在表面上，要挖掘纵深度，才能让你的赞美之词真正赢得对方的心。

女人也要学会赞美男人

"女人也要学会赞美男人"是说通过对男人付出的努力、所取得的成就以及表现出来的勇敢和胆识进行赞美，表达充分的欣赏和认可，以便让男人的虚荣心得到极大的满足，从而产生更大的自信，让他们表现得更加的优秀。

很多年轻人觉得女人天生爱慕虚荣，喜欢听别人的赞美之词，却往往忽略了男人好面子，内心同样有这样的需求这一点。俗话说：女为悦己者容，士为知己者死。可见，对于男人来说，得到女人的欣赏和赞美，一样值得他们不惜付出生命的代价。要想获得男人的喜欢，女人要学会适当的赞美男人，维护男人的面子，给予他们足够的尊重。这样，男人才会愿意为女人赴汤蹈火。对你有好感也就是自然而然的事情了。作为女人，如何对男人进行赞美呢？

1. 要赞美男人很勇敢有胆量

男人是力量和胆量的象征，往往在这一点上有很强的自尊心。如果一个女人称赞男人很勇敢有胆量，那么，对于男人来说，无疑是说明他更有男人味，更顶天立地。这对于男人来说是莫大的荣耀。为了这个荣耀，男人会不惜一切代价去争取。对于女人来说，要想获得男人的好感，让男人觉得你是知己，不妨去称赞男人很勇敢有胆量，最大限度地去维护男人的尊严，捍卫他们的自尊。

比如发现男人胆怯，或者是懦弱，不要去指责他们，指责无疑会伤害他们的自尊，这对男人来说是无法容忍的。相反，要去赞美他们，这样，他们会真正勇敢起来。

2. 要赞美男人能力强有本事

对于女人来说，她们更加在乎自己的容貌，因为容貌美丽更能吸引男人。同样，对于男人来说，他们更加在乎自己是否有能力，有本事。因为有本事才能证明他们更加有价值。在赞美男人的时候，不妨对他们的能力表示出欣赏。这样往往更容易让他们内心愉悦。

比如妻子在赞美丈夫的时候，多赞美他能干，为家庭、为孩子做出的贡献。这样，男人会产生成就感，自然更加爱妻子、爱家庭。

3. 要赞美男人心胸宽广有气量

俗话说："宰相肚里能撑船。"说的是有大作为的人气量很大。而事实上，男人都不会在小事上斤斤计较，能包容别人的错误。如果你赞美一个男人心胸宽广有气量，那么，无疑在赞美他更像个顶天立地的大男人，这对男人来说是莫大的荣耀，能让男人有自豪感。因此，作为女人，在赞美男人的时候，不妨赞美男人心胸宽广有气量。这样很容易让男人对你产生好感。

很多女人在赞美男人的时候，往往抓不住男人的心理，不知道他们究竟在乎什么，赞的话说不到男人的心坎儿上。尽管表达了赞美之情，可是却没有给男人留下好感，没有获得男人的欢心。俗话说："打蛇要打七寸。"在赞美男人的时候，也要摸准了他们的"七寸"，这样才能把话说到他们的心坎儿上。当然，这个"七寸"自然是男人最在乎的面子和尊严。在赞美男人的时候，多在这些方面下功夫，你自然就会得到男人的欣赏和喜欢了。

善于发现、赞美他人的长处

"善于发现、赞美他人的长处"是说通过细心的观察和揣摩，发现他人身上与众不同的优点和长处，把你的赞美之词及时地传达出去，这样更容易达到预期的效果。

很多年轻人在赞美别人的时候，往往看到的是很多人共有的东西，比如心眼好、能力强等。如果你赞美他们的时候，总是停留在这些方面，那么你的赞美势必会收效甚微。因为这些方面，别人听到的赞美多了，也就不在乎了。尽管你表达得很真诚，但是却引不起别人的注意。这时候，就要善于发现他人与众不同的长处，从这些与众不同的长处去赞美他们。他人会觉得你眼光独到，因而留意你，对你产生好感。如何发现和赞美别人的特有长处呢？

1. 认可所付出的巨大努力

往往很多人在赞美别人的时候，只看到了别人取得的辉煌成就，却看不到他人为此而付出的巨大努力；只注意到鲜花和掌声，却看不到他人曾经历过的艰辛。尽管赞美和恭维别人取得的成就能让别人开心地笑，可是如果你能够看到成就背后的酸楚，你就能让一个人感动的哭。

相比而言，哭更能让别人的内心有所感触；相对于鲜花和掌声，人更需要理解和支持。因此，认可他人为取得辉煌所付出的巨大努力就是对他人的赞美和恭维，尽管这样的赞美给别人带来的是痛苦的回忆，但是却能起到更大的效果。

2. 夸大遇到的挫折和压力

别人取得了辉煌的成就，那么相比而言，承受的挫折和压力就越大，反衬他人的能力也越强。因此，从这个角度上讲，夸大别人遇到的挫折和压力，就是赞美他人的能力强。但是，要注意一点，不能盲目地夸大，如果你所说的话完全超出了对方的承受能力，那么你的赞美就会变成对他人"痛苦的期盼"。在夸大别人遇到的压力时，一定要根据实际的情况，尤其要拿捏好一些词的"度"。在夸大的时候，更要注意情感的表达有度。千万不要任意夸大，导致赞美和恭维的情感变了味道。

3. 在成就的辉煌上另辟蹊径

同样是对别人所取得的辉煌成就进行恭维和赞美，但是不要跟着别人"宣读公文"，而要另辟蹊径，发现不一样的赞美点。

比如，别人赞美的是他人所取得的成就的高度，你不妨来恭维他人所取得成就的厚度。同样是赞美别人，你的切入点和别人的不一样，那么，你的赞美势必会更加吸引对方的注意力，也更加独到，更有特色。要善于发现生活的不同色彩，更要善于发现别人身上的闪亮点，尤其是在恭维和赞美别人的时候。

很多时候，年轻人在赞美别人的时候，往往喜欢人云亦云，觉得别人需要这些赞美，说这些大家看得见的东西往往更能赢得对方的喜悦。事实上，却并非如此。如果你也和别人一样，在别人的成就上做文章，对方听腻了、烦了，对你略微不耐烦地敷衍，这就失去了赞美别人的意义。这时候，不妨换个角度，多去肯定对方曾经付出的艰辛和努力，把你的赞美之词说到对方的心里去，效果自然不同。

讲对方感兴趣的话题

如果你能和任何人连续谈上十分钟，在这十分钟内使听者发生兴趣，你便是一个口才出众之人。因为，任何人的圈子都是非常之广的，也许是工程师，也许是艺术家，也许是政治家，也许是外交家，也许是工人，也许是学生，总之，三教九流，各种阶层人物，你能和他谈上十分钟，使对方感兴趣的话真是不容易。不过不论难与易，我们总不能不设法打通这道难关。常见许多人对于对方的事业毫无认识而相对无言，这是很难堪的、不自在的。其实，如果肯略下点功夫，这种狼狈局面就可以减少了，甚至于做一个一等的交际家也并不是难事。工欲善其事，必先利其器，虽是一句古老的话，却直至现在仍然合适。所以，要想成为一个交际家，必须充实自己的知识，在实践中不断提高，不断磨炼。

一个胸无半点墨汁的人，当然不能希望他在说话中应付自如。学问是一个利器，有了这个利器，一切便可迎刃而解。你虽不能对各种专门学问皆做精湛的研究，但是，所谓常识却是必须具有的，有了一般的常识，加之巧妙地运用，那么，应付任何人十分钟的谈话，应该是没有什么问题的。每天的报纸、每月所出的各种杂志，都是必须阅读的，这是最低度的准备工作。如果你想在谈话中出人头地的话，世界的动向，国内的情形、局势，本地的一般经济情况及其趋向，科学界的新发明、新发现，世界的局势和所注目的地方情况特点及人物特性，以及艺术界的新作，时髦的服饰，电影戏剧的内容等等，皆可从每日的报纸、杂志中了解到，诚能如是，则能从容应对各种人物，为人们所欢迎。

你自己是不是懂法律？如果有机会遇见律师，你不妨和他谈谈最近发生的某件案子，你可以供给他案情，其余的法律问题则让他说好了。广州有一个美容院，生意兴隆为当地之冠，有人前往请教，问其兴旺发达的因由，店主人坦诚地说，完全由于他的美容师在工作时善于和顾客攀谈之故。但怎样使工作人员善于说话呢？店主人说：容易得很，我每月把各种报纸、杂志都买回来，规定职员在每天早上未开始工作前一定要阅读，将看杂志、报纸当作日常的一项工作，那么，他们自会从报纸、杂志中获得最新的说话材料，博得顾客的欢心。倘若你说你不喜欢看报纸、杂志，或者你说没有看的工夫，那么，请你不要再探讨研究说话的艺术了，连书报都不爱看、都不找出时间来看的人，我们不知道他会在哪一项门类里有所获得。

商量比命令更有效

　　一种苦味的药，外面裹着糖衣，使人先感到甜味，容易一口吞下肚子。于是，药物进入肠胃，药性发生效用，疾病也就好了。我们要对人说规劝的话，在未说之前，先要给人家一番赞誉，使人先尝一些甜味，然后，你再说规劝的话，人家也就容易接受了，面子上也觉得过得去。某机关办公室陈主任，有一天对他的一位女打字员说："你今天穿了这样一套漂亮的衣服，更显出了你的美丽大方。"那位女打字员突然听到主任对她这样的赞誉，受宠若惊，内心万分高兴，面孔都红了起来。陈主任又接着说道："可是，我要告诉你，我说这句话的目的是要使你的心里高兴，我希望你今后打字的时候，对于标点应该特别注意一些才好。"陈主任这样说话，虽然未免太露骨一些，然而，他的这一种方法是值得我们效仿的。因为，他如果爽直地告诉女打字员叫她对标点要加以注意，她心里就感觉到今天受了上司的责备，这是十分令人羞愧的，甚至很生气。她的心里也许好几天都不愉快，有时她也许要为自己辩护，说她自己很小心的，因为原稿上有着错误或是不清楚，所以，她不能负这错误的全部责任。这样一来，陈主任的规劝不但失了效，说不定还惹来一场没趣呢，给双方造成不快。

　　如果你要人家遵照你的意思去做事情，就应该用商量的口气，比如有人说：我要你这样那样地做。还不如改用商量的口气说道：你看这样做好不好呢？假使他要他的秘书写一封信，他把大意讲明之后，要再问一下：你看这样写是不是妥善？他看了要修改的地方，又说道：如果这样写，你看怎样？他虽然站在发号施令的地位，可是他懂得人家是不爱听命令，所以不应当用命令的口气，这可不是军队，必须用命令的。假使在一个盛夏的中午，一群工人正休息，一位监工走上去把大家臭骂一顿，说拿了工钱坐着不做工是不对的。工人们怕监工，当然立刻站起来去工作了，可是当监工一走，他们便又停手了，这是肯定无疑的。因为那位监工不了解人们的心理：你用一种强硬的态度反而使人们产生了一种逆反心理，更要与你作对。如果那位监工上前和颜悦色地说道：天气真是太热了，坐着休息还是不断地流汗，这怎么办呢？朋友，现在这些工作工期很紧，我们忍耐一下赶一赶好吗？我们早点赶好了，早点回去洗个澡休息，怎么样？我想，工人们当然一声不响地忍着暑热去工作了。

假如你正在兴高采烈地跟许多朋友畅谈，突然来了一个不速之客，东拉西扯，谈些大煞风景的话，把融洽欢快的气氛扰乱了，这正如有人给你当头浇了一盆冷水一样，这种不知趣的人便是不懂得看场面、察言观色，非常莽撞的人。人们在他背后一定骂他一声冒失鬼。所以我们每次接触到一个人时，一定要看看四周的环境，并明白对方近来的生活情形如何，倘若对方正是很得意的时候，你不可在他面前光说不得意的话，俗话说得好：得意人面前不要说失意话。

用问话的方式打开局面

凡是伟大的人物，他们精通全盘的战略，在必要时，应该有自卫的举动，他必须战斗，不仅为了维持自尊心，也为了使人们瞧得起自己，他们更知道发怒能够支配人的力量，唯有弱者才没有敌对之心。

你若具有一般的普通常识，那么即使你不能有各种专长的学问，也足够应付各式人物，因为纵使你不能对答如流，你总会晓得提问，问话是使对方开口的百宝匙。假定你的对手是医生，你对于医学虽完全是门外汉，却可以用问的方法来打开这局面。从近来流感的症状谈到怎样预防，谈到维生素，谈到药店的成药，谈到补品等。只要你不讨厌，你可以一直引他谈下去。遇到从事房地产的人员，你可以问他近来房价的起落。遇到纺织业主，则可以请教他外国和中国布质的比较。遇到教师，可问他学校的情形，学生的素质和思想倾向。总之，问话是一个打开对方话匣子的最好方法，是说不完的题材。只要你具有最基本的说话常识，便可以应付自如了。

问话最应注意的是：问对方所知道的问题，问对方最内行的问题。如果你不能确定对方能否有充分力量来回答，那么便以不问为佳。比如问一个医生：去年本市得肝炎的人有多少？这是不容易记忆的。要是对方的答语不太清楚，不仅使答者有伤体面，而且双方皆感没趣。不能一击而中，不是上等的谈话艺术。当然，有时说不上来也没有什么，每个人不可能什么都知道，但是为了更融洽，应尽量避免对方不大了解的问话。

关于政治方面的意见，不宜采用问话方式，只宜用讨论方式，除非你的对手是一个政治家或政论家或权威人物，因为普通人对于政治见解最易产生分歧，他不知你有何背景，也不知你有无成见，聪明的人大抵不会开诚布公去答复这种问题，所以不宜问。可以说出各人看法，探讨政治问题上的见解。

有些问题你得不到圆满的答复时，是可以继续问下去的。但有些不宜一问再问，如问对方住在哪里，他若是说在大坡或者说在小坡，你就不宜再问。在某街某号，他如果高兴让你知道的话，他一定会顺口说出详细地址来，而且最后还会补上请你光临的客气话，否则便是不想让别人知道，你就不可追问了。举一反三，其他诸如年龄、收入等也一样不该问或适可而止，以免误事。

问话是一门大学问

一般情况下，不要问同行业的营业情况，同行相嫉，这是一般人的毛病。因为他回答你时，若不是对其同业过于谦逊地赞扬，便是恶意地诋毁。在一个人面前提及另外一个人和他在敌对立场上的人与事，总是不大明智的。在日常交际中，不可问及别人家有多少存款，不可问女子的年龄，除非她已到了六七十岁的年纪。不可问及别人的家世，不可问及别人用钱的方法，不可问别人工作上的秘密等。凡对方不知道，或不愿意人知道的事情都应当避免。问话的目的是引起双方的兴趣，不是任何一方的兴趣。若能让答者起劲，同时也能增加你的见识，那是使用问话的最高本领，是口才能力强的表现。

可以这么说，"倘若我不能从任何一个人那里学到一点东西，那就是我处世的失败"。这话发人深省，因为虚怀若谷的人，往往是受人欢迎的。记住问话不仅可以打开谈话的局面，而且可以由此增益学问。

问话表示虚心，表示谦逊，同时也表示尊重对方的意见。"替我把信寄了吧？"就永远不如这样问："是否能为我寄了那封信？"这样容易使人听了舒服。对一件事情不明白，就不妨请教别人，自作聪明是最吃亏的。一个坦白求教于人的问题，最能博取别人的欢心。可是怎样问呢？这也是个值得探讨研究的问题。当然问话的方法有多种，收效自有高低。高明的问法会使人心中喜悦，而愚蠢的问话则只会引起对方的失笑甚至反感。问一个女子：你喜欢男子吗？这真是一个蠢到无以复加的问题。你一定会说，这个人真像一头蠢猪。可是你自己又是怎样问话的呢？你只道人家不会说话，我们自己如何才是紧要的、最切实的问题。

"这蛋糕新鲜吗？"你是否曾经向一个售卖蛋糕的店家问过类似的话，而且还问过许多次？其实，这也是一种不聪明的问话，等于问你的爱人，你没有欺骗我吗？这种问话，你肯定得不到如实的回答，还会使对方感到可笑。你跑到酒馆里点菜时，问那些服务员：今天的石斑鱼鲜不鲜？所有这些问话，都是无谓的，因为他们一定会说非常鲜，除非你是一个熟客人。倘若你用另一种方法：今天有什么好的海鲜？那么，效果就完全不同了，你可以吃到真正新鲜的海鲜。"今天的石斑鱼鲜不鲜"与"今天有什么好的海鲜"两种问话，引起的心理上的反应是完全不同的，前者所问的不过是一样东西，只有好或不好的两个答案，为顾全店家招牌，他不能说不好，并且一样东西好不好的标准是很难说的。标准既不易定，则他觉得说了个好字并不能说是欺骗你，即使今天的石斑鱼并不好，但你所问的只是石斑鱼，似乎心目中除了石斑鱼，其他就不爱吃了一样。那么为了讨好你，说好便是他的责任了。所以问话是一大学问！

如果问话不好，结果吃亏的只是你。他只不过是说说，吃下去好不好，他并无多大责任。如上面所说，好坏并没有一定标准，至于你开始便问今天有什么好的海鲜，表示无成见，不管是什么海鲜，只要好便行，这表示你的谦虚请教于他人，而不是自作聪明。这问话的定义很广泛，它不是今天的海鲜好不好，而是今天有什么好的海鲜，答者甚至可以说：今天没有什么好的海鲜，但今天的乳鸽又肥又嫩，值得一试。所以，他答话的范围是很大的。说到那被问者，他见你首先求教于他，他的自尊心得到满足，心中早已高兴，海鲜的范围既广，只要把各种海鲜比较起来，把当天最好的介绍给你便行，这工作较易应付，你既全部请教他，他不敢不负责，自然会把最好的介绍给你。由此看来，问话事小，学习提问技巧却难。

　　据说，广州一般茶室因为有些客人在喝可可时放个鸡蛋，所以服务员在客人要可可时必问一句：要不要鸡蛋？某心理学家应邀到一家茶室研究如何发展生意时，关于问鸡蛋一事，他就说不应问要不要加鸡蛋，而是要一个还是两个鸡蛋。这样的问法，多做一个鸡蛋的生意是绝对有把握的。

语气温和、态度谦恭

说到普通人在交际场合上的问话，最要紧的是语气温和、态度谦恭。与其问"你很讨厌他吗"或"你喜欢他吗"，不如问"你对他的印象怎样"。但有时却不妨先装成有成见。对一个看来有 40 岁的人问"你今年总有 35 岁吧"，比问你今年贵庚要好得多。

土耳其的建国元勋凯末尔，为了土耳其的独立，发动了抗战。他亲自统领大军，身先士卒，进出沙场之中，终于获得了大胜，使土耳其取得独立。当时有两个敌军败将被迫到凯末尔的司令部去请降，他们备受沿途土耳其民众的辱骂。可是，他们和凯末尔将军见面时，凯末尔竟无一点骄傲轻视的态度，反而上前去握手问好，并且很谦逊地说："胜败乃是兵家常事，有许多名将碰到运气不好，往往很容易吃一场败仗的，所以请两位不要悲伤。"这就是凯末尔不愿意使人难堪，为人家保留面子。

声调抑扬顿挫是获得听众的秘诀

在言语交换的进行中，希望你能分出一部分精神来留心你的声音。第一你要留意自己，说话是不是快了些。虽然有些说得快，却很清楚；有些却是快而不清楚，使人听了等于没有听。你虽有说话很快的本领，但是，听者不一定有听快的本领。说话目的在于使人全部明白，别人听不清楚，就不懂，就是浪费。训练你自己，说话时声音要清楚，快慢要合度。说一句，别人听懂一句，不必再问你——你要明白，陌生的或地位比你低下的人是不大敢再请你重说的。

你说话的声音不太响吗？在火车里、飞机上、工厂里，或者是在别人放爆竹的时候，提高声音说话是不得已的，但是，平时就没必要也不能太大声了。试想，在宁静的黄昏，坐在树下谈恋爱，或在温暖的炉边围炉聚餐，高声谈话是何等粗鄙与大煞风景啊！在客厅里，过高的声音会使主人嫌恶的。如果在公共场合，更会令你的同伴感到难堪。除非对方是聋哑人，否则，你说话时要记住，千万不要大声说话，以免使人家误会，以为你们是在吵架。

你的话语虽然并不是太快和太响，但你要明白，在谈话中，每句话，声调也该有高有低、有快有慢，要抑扬顿挫，富有感情。因此，你要学学怎样调节它，抑扬顿挫，这是获得听众的唯一秘诀。在乐曲里，不是有极快、快、略快、慢、略慢、最慢等快慢符号吗？不是也有极强、强、渐弱、弱、极弱等强弱符号吗？如果想把你的话说得如同音乐一般动听，不可忘记在应快时要快，应高时要高，应慢时要慢，应低沉时低沉。如小沟水一般毫无抑扬顿挫的节奏之美的说话是最易使听者疲倦的，这样的说话是没有感情可言的。

说话有节奏，快慢合理，这是使你的话充满了情感的方法。请经常留心那些使人听了讲话而又不使人疲倦的方法，留心那些舞台上的诗词朗诵的方法，这是最好的参考，你必须细细揣摩，在朗诵的过程中或相声对话过程中，从中学习体味其方法，这对你语言表达的长进是很有作用的。

怎样用字眼

知道怎样运用声音、语调、姿态等还是不够的，说话的方法是将字眼变成声音。现在让我们来讨论研究怎样用字眼。说话要字眼不多，要更简洁，更通俗。有些人叙述一件事情，拼命说了许多，最终还没有把他的意思表达出来，结果对方费了很大的时间与精神，却抓不到他话中的重点。犯这种毛病的人一定要尽力纠正过来，以免使人家费神又费时。改正的方法就是在话还未说出之前，先在脑子里考虑考虑，想好一个自己所要表达的轮廓，一个极简单、而又完整清楚的轮廓，然后根据这个轮廓叙述出来。这样长时间的训练，使你能很快抓住中心，语言表达明白确切，让人家听了清楚内容。

要答应别人一件事时，最多用两个"好"字就够了，但有些人却好好好好地一连说上十几句，这种重叠使用不仅浪费，而且可笑。比如说，临别时说明天再会，有人就说明天再会、明天再会……其实用叠句的时候，除非是要特别引人注意，或特别要增强语中力量时才使用，平时这种习惯还是避免为佳。如果你是个太讲究客气的人，你还是最好改变一下作风吧！过犹不及，世上凡事总是要适可而止。客气的话说得太多，反而使人讨厌。同样的，名词也是不可用得太多，我听见一个人解释物质不灭的原理时，在几分钟内，把相关的专业术语运用了二三十次。无论什么新奇可喜的名词，多用便会失去它的价值，第一个用花来比喻女人的人是聪明的，第二个把它再拿来用的人就不是了。谁人不爱新鲜。把一个名词在同一时期中重复使用，是会使人厌倦的，是非常乏味的。

同一个名词不可同时用来形容各种对象。某次见一幼儿园教师说故事，说到公主，她说，这公主是很美丽的；说到太阳，她也说，这太阳是很美丽的，此外，说到水池、小羊、绿草、远山等等，无不用美丽这两个字来形容。她为什么不用可爱的、柔嫩的、光亮的、迷人的等字句来调剂一下呢？这不是可以增加听者的兴趣吗？

当一个语句成为你的口头禅时，你就很容易被它束缚着，以至无论你想说什么，也不管是否适用，都会脱口而出。这毛病是很容易使人取笑的。或许你爱说"岂有此理"，也许爱说"我以为"，也许爱说"俨然"，也许爱说"绝对的"，也许爱说"没有问题的"。所有这些和你所说的事情意义毫无相关的口头禅还是尽力避免吧。

字为文章的衣冠，言语为个人学问品格的衣冠，有许多人相貌堂堂，看上去高贵华丽，可是不开口还好，一开口则满口粗俗俚言，使人听了作呕，刚生的敬慕之心全部消失，这情形并不少见。可惜的是，有些人并非学问不好，不过一时大意犯了这错误，自己不知道改正而已。俏皮而不高雅的粗俗污言，人们初听时觉得新鲜有趣，偶或学着说说，积久便成习惯，结果是随口而出。那些话试想在社交场上给人听见了，会产生怎样的反感呢？在若干学校里，常各有其流行的脏话，虽可在校内大家当作有趣的话说，但在学校外面，就以不说为佳。不习惯说这话的人，听到时会觉得很难堪。可以用幽默而有趣的话来表现你的聪明和活泼、风趣，但不可用低级趣味的话来表示你的鄙劣、轻佻和浅薄。在一个陌生人面前，一句这样的话足可以把你的地位降低，让人家瞧不起你。太深奥的名词切不可多用，除非你是和一个学者讨论一个学术上的问题，否则，满口新名词，即使用得恰当，也是不大好的。把主观、形而上学的、一元论的、二元论的、形象、典型、半导体、光年等名词，对一个新朋友说是不好的，除非是到了非用不可的时候。随便滥用学术上的名词，听不懂的人不知你在说什么，且以为你有意在他面前炫耀你的才学；听得懂的人则觉得近乎浅薄。曾见一个社交名人，她每说一句话，差不多都是用各种名词串起来，使人听了反感，并没有产生好感。

| 第九章 |

高情商幽默打开尴尬局面

灵活运用各种幽默方法

　　说话要幽默一些。灵活运用各种幽默方法，通过机智诙谐的言语，把本来平淡无奇的话说得新奇有趣，使对方在仔细回味中不知不觉对我们消除戒备，降低心理防线。

　　许多年轻人认为幽默就是跟别人善意地开玩笑，这种看法实际上是不正确的，有失偏颇。

　　古往今来，会开玩笑的人有很多，但真正称得上幽默大师的却寥寥无几。由此可见，幽默并不是与生俱来的一种天赋，但只要我们后天不断地努力学习，一样可以成为一个幽默的人。的确，在人群中，幽默的人就像太阳，照到哪里哪里亮。他们幽默的话语常常能调节会场气氛，给人们带来欢乐和希望，也正因为如此，他们通常是最受人欢迎的人。其实，学说幽默的话并不难，我们只要记住下面几点，久而久之，一样可以成为受人欢迎的人。

1. 说话适当地卖关子

　　有事不直截了当地说，故弄玄虚，吊足听者的胃口，借以达到吸引听众的目的。比如，听故事听到最紧要关头处，讲的人却突然停下了，这时候我们肯定很着急，这种感觉就好比主人说要盛情款待我们，我们也闻见菜香了，可就是始终不见菜端上来。当然，最后在我们再三催促下，讲故事的人一字一顿地说出了故事的结尾。其实，这个结尾我们早想到了，不听也罢，可经讲故事的人刚才那么一折腾，我们反而有了非听不可的兴趣。

2. 多记住一些小笑话

在和别人聊天的时候，适当地讲一些小笑话，一来可以帮助双方放松紧绷的神经，二来可以愉悦对方的心情，让对方对我们不再那么抗拒。一般人都喜欢跟快乐的人交往，在条件允许的情况下，记得多说几个小笑话，不要总是板着一张脸，一副公事公办的样子，让别人生厌。总之，要以一种乐观的心态跟别人交往，这样我们才可以随时随地播撒快乐的种子，讲一些笑话，让别人在高兴的同时，对我们降低了门槛。

3. 换一种方式或方法说

有些时候，我们见到某些人可能会很紧张，声音哆哆嗦嗦，说话也结结巴巴的，别说是开玩笑，就连正常的说话都成问题了，这其实是我们不自信的缘故。只要我们对自己有信心，觉得自己很优秀。那么，不管在什么场合，跟什么身份的人说话，我们都不会怯场，至少不会紧张到说不出话来。可见，自信是幽默的一个前提条件。只有我们在和别人交流的时候，心态放松，幽默的话语才会不经意地溜出来，让别人觉得我们不是个做作的人，而更愿意接受我们。

适当来点俏皮话

适当地说一些俏皮话。通过幽默搞笑的语言，在搞活气氛的同时，让对方不由自主地喜欢跟我们交流，从而使我们轻松赢得好人缘。

在我们的身边就有不少这样的例子，这些同事气质不如我们，工作能力也不如我们，但别人就是爱听他们说话，有事情也爱找他们帮忙，让我们实在想不通。后来，经过一段时间的细细观察，我们终于发现，这些同事虽然样样都比我们差，但有一样特质却是我们学也学不来的。那就是他们很会说俏皮话，经常逗得大家哈哈大笑，所以别人才很乐意和他们交往。所谓俏皮话，其实就是幽默风趣、逗人笑的话。在说话的时候，刻意地注意以下几点，将会有助于我们成为交际达人。

1. 适当引用一些经典歇后语

中国的语言内涵非常丰富，尤其是歇后语，更是充满了智慧和趣味，让人听了常常有一种拍案叫绝的冲动。它一般由两个部分组成，前半部分是形象的比喻，就像谜面，后半部分则是解释、说明，仿佛谜底，十分贴切自然。此外，由于歇后语通常都比较生动形象，耐人寻味，往往在交往中能收到出奇制胜的效果。所以，平时多了解和熟记一些歇后语，对提升我们的人际关系还是很有帮助的。

2. 直接引用比较搞笑的话语

在生活中，我们经常听到和看到一些总结得比较经典的话语，比如说，"咸鱼翻身，还是咸鱼""个头大就一定厉害吗？恐龙不是照样灭绝了？""你有什么不开心的事？说出来让大家开心一下"……这样的句子其实很多，就看我们会不会活学活用。在和别人交流的时候，举一反三，把它变成我们自己的语言说出来，既加强了我们说话的效果，也让别人的身心暂时得到了放松，让别人觉得跟我们交流既轻松又自然。

3. 说话时多加一些幽默调料

平时，有意识地加强自己在幽默方面的学习，只要一有机会，就把自己的所学发挥出来。在说话之前，多动动脑筋，想想这句话换一种方式说，效果会怎么样，对方听了会不会更高兴。经常这样多想多说，自然而然，我们说话就变得有意思起来了，而别人听了也会倍感受用。总之，在交流的时候，无伤大雅地幽别人一默，或者善意地跟别人开个玩笑，多说几句俏皮话，让别人的心情愉悦，这样有利于我们的人际交往。

刚刚进入社会的年轻人，可能由于经验不足，说话的时候，总是一板一眼，让人听着味同嚼蜡，不分时间场合、说话对象，逢人就开玩笑，说俏皮话，也不管说出来是不是合适，对方听了会怎么想，结果说话走了极端，这样就不好了。凡事过犹不及，再好吃的菜也不能天天吃，同样，说俏皮话也要适时、适量，点到为止，千万不要像懒婆娘的裹脚布——又长又臭，让人反感。

为你的幽默收集素材

多学几个小笑话。平时生活中发现一些经典的小笑话，最好能默默地记下来，这样，在有些场合，我们想要表现自己的幽默感的时候，脑子里就不会空空，感觉没有什么东西可讲。

日常工作和生活中，其实幽默的素材很多。我们身边的人，几乎都或多或少地出过笑话，只要我们对这些材料稍做加工处理，都可以学以致用，作为我们跟别人聊天时很好的谈资。这些发生在我们身边的真人真事，跟报纸、杂志上看到的那些笑话比起来，由于生活气息更加浓郁，而特别容易与听者产生共鸣，效果自然也格外的好。还有，我们在讲这些小笑话的时候，一定要有感染力，这样才能打动听者。

1. 多留心发生在身边的人和事

多注意从日常生活中汲取幽默的养分。无论在工作还是生活中，做个有心人，多注意观察发生在身边的人和事，把别人的一些滑稽可笑的言行记下来，这样我们在跟别人交流时，就不愁没笑话可讲了。而且，因为我们平时看得多，听得多，再加上自己的思考，就算大脑里一时没有现成的小笑话，也可以根据以前掌握的材料和身边发生的事情现编几个。

2. 把一些笑话记下来

在读书和看报的时候，把经典的笑话记下来，先讲给身边的亲人和朋友听，一方面可以给大家带来快乐，另一方面也可以从大家听过后的反应，检验一下自己讲笑话的水平到底怎么样。切忌讲完以后，别人还没笑，我们自己就笑得前仰后合了，或者别人听完后不明白是什么意思，一脸茫然地看着我们。如果是这样，就说明不是我们选的笑话不对，就是我们讲笑话的水平还有待提高。

3. 在交往中有意识地多说多练

和别人交往的过程中，有意识地提醒自己，在适当的时候，把自己学到的小笑话大胆地讲出来。一来可以借机锻炼自己的口才，二来讲得多了，自己也就不怯场了。同时，从别人的反应，我们可以及时发现自己的缺点和不足，以便有针对性地作出改进和调整，这样一来，我们就会成为一个讲笑话的高手。而且，在长期的练习中，由于我们有意识地要求自己，随时随地提醒自己，幽默已经悄然成了我们生活的一部分。

有些年轻人看了可能会说，小笑话谁不会讲？在我们的身边，这样的能人也的确很多，但就算再会讲笑话的人，也不是天生就会的，他们平时也是通过不断地积累、学习，不断地总结经验，然后作出改进，最后才逐渐成为笑话达人的。作为一个初学者，我们可能比不上他们，一开口就能逗别人发笑，但我们可以在平时多学几个现成的小笑话，在亲人和朋友面前多讲多练，让他们给我们提意见，这样时间长了，幽默自然信手拈来。

让幽默变得有深度

说话耐人寻味一些。不要让别人一下子就听懂我们说的是什么意思，而要让别人在听完我们的话，经过一番细细的琢磨和回味，才能完全明白我们的意思，这样，别人才会觉得我们说的话有深度，有内涵。

耐人寻味的话就是这样，乍一听似乎跟别的话并没有什么不同，但回过头来仔细一想却觉得意味深长。这就像我们品酒或是品茶，往往越品越有滋味，越品越觉得酒和茶的味道是那么醇厚芳香。如果说直白浅近的幽默是世俗俚语，那么有深度的幽默则是思想小品。我们只有经过认真品味咂摸后，才能了解其中的滋味。小笑话我们也许一学就会，但如果我们没有自己的思想，即使说出的话再高深莫测，别人也只会认为我们在故弄玄虚，而不会觉得我们思想见解很深刻。那么，如何让幽默变得有深度呢？

1. 幽默中引用名人名言

有时候，为了使我们说出的话更有深度，更让人信服，我们常常需要借用一些名人名言，来突出我们的观点，加强说话的效果。其实，在幽默的时候，我们同样可以采用这种方法。比如，在工作中，我们有一个很好的想法，但说出来却没有一个人支持，这时候，有人说了一句："如果你执意要那么做，那么，走自己的路，让别人去说吧，反正别人已经没路可走了！"这时候，大家肯定会哄堂大笑，而我们也不好意思再一意孤行了。这就是在幽默中引用名人名言的好处，既达到了幽默的效果，又不会让人觉得低俗。

2. 幽默中巧用修辞方式

在幽默的时候，适当运用一些修辞方式，如比喻、拟人、双关之类的，使自己说出的话更经得起推敲。比如，我们夸一个人聪明，说他聪明绝顶，又说聪明的脑袋不长毛，就用了夸张的修辞方法。再比如，我们说和某个人没有共同语言，又说和对方说话就像是在对牛弹琴，这样，虽然前后两个意思一样，都是说两个人说话说不到一起，但很明显后者的效果要比前者好得多，而且较不容易引起别人的反感。总之，在幽默的时候，只要我们根据情况灵活运用各种修辞方式，一定可以让我们说的话内涵更加丰富。

3. 幽默中机智诙谐一些

在说话和回答别人问话的时候，要充分运用我们的智慧，机智巧妙地应答对方。有一个著名的例子，说丘吉尔到美国访问，临走时，有一个美国记者问他对美国印象如何，丘吉尔只说了一句话："报纸太厚，厕纸太薄。"所有人听了都哈哈大笑，笑过之后才明白丘吉尔话里的尖刻。所以，有时候，并不是说的话多才可以达到幽默的效果，言简意赅，一针见血，说话触及问题的实质，同样可以引起别人的深思。

耐人寻味的幽默，是智慧的火花。不是说我们说的话别人听不懂，就表示有深度，这样想就错了。就算是有深度的幽默，也一定要让人听得懂，最起码能明白表层意思，这样别人回味时，才不至于无从想起。双方都能听得懂对方说的话才叫沟通，如果你说的话别人都不明白什么意思，那只能叫自说自话。所以，我们在说有深度的话时，一定要注意，根据说话的对象斟酌用词用句，让对方听了我们的话以后既觉得很可笑，又觉得意味深长。

适当卖点小关子

说话的时候可以适当地卖点小关子。说一半留一半，或者说到紧要关头处停下来，故意给对方制造一种悬念，借以吸引对方的注意力，达到出其不意的说话效果。

生活中这种情况经常发生，所有的人都急于想知道事情的结果，但说话的人就是再三推辞，扭扭捏捏不肯说，在别人的一再催促下，才好似不情愿地说了出来。这其实就是通俗意义上的卖关子。说话的人每每在吊足了听众的胃口，赚足了观众的眼球后，才肯说出备受别人关注的所谓结果。这可真是一门说话的艺术。想象一下，那么多的人都全神贯注地看着我们，听我们接下来会怎么说，将是一种什么感觉？由此可见，卖关子的魅力有多大。其实，平时说话的时候，学会以下几点，我们也一样可以卖关子，吸引别人的眼球。

1. 说话时欲擒故纵

所谓欲擒故纵，打个比方说，就是心里非常喜欢某个东西，但表面上却装出一副对这个东西一点也不感兴趣的样子。这其实是一种说话的策略，在商业谈判中经常用到。心里想卖却故意装出不想卖的样子，心里想买又表现出一副不想买的样子，这就是我们所说的欲擒故纵，也就是卖关子策略。这样做的目的无非想通过吊对方的胃口来提高商品的筹码，这一招在商场上通常很管用，常常能帮助我们达到预期的目的。

2. 适当地故弄玄虚

说话说到最关键的部分，突然停下不说，或者说一半留一半，刚刚引起别人的注意，却很快地转换话题，让别人心里一直留有悬念，迫不及待地想知道事情接下来会如何发展。这个方法在古典文学作品中经常用到，作者常常在读者最想知道结果的时候，来一句：欲知后事如何，且听下回分解。短短几个字，却委实吊足了读者的胃口。其实，在日常生活中，我们也常常这样，故意不说出某些事，让对方干着急，而使本来很平常的一件事变得跌宕起伏。

3. 故意模糊关键词

说的时候，事情的前因后果都说了，但每每在细节处，却大而化之，说得非常模糊，让对方感觉听清楚了，但又不是特别明白。这样的例子很多，比如，朋友问我们这次考得怎么样，我们说不好说。这就是故意模糊关键词。因为，朋友听了，既可以理解为我们考得不好，又可以理解为我们考得很好。但却始终没有一个确定的答案。这也是给对方的心里留下悬念的一种方法。总之，要让对方猜不透我们的想法，这样对方才会对我们更加关注。

有些年轻朋友要说，如果我们说话的时候，一味地卖关子，岂不是耽误了正事？的确，在有些场合、有些事情上，并不适合卖关子，这时候我们最好开门见山，有话直说。可见，卖关子虽然能强化我们说话的效果，帮助我们达到预期的目标，但也要酌情使用，不能为卖关子而卖关子，招人厌烦。一般在向别人报告一些好消息时，我们可以多卖些小关子，反正最后的结果是好的，就算对方生气了，听到喜讯，也不会跟我们计较。

让你的话语妙趣横生

　　充分挖掘自己的语言天赋。运用各种修辞手法、成语典故，把自己要说的话好好地包装一番，然后再用合适的方法表达出来，让别人听后觉得我们的话语妙趣横生，细细品味之后又感觉意味深长。

　　世上无难事，只怕有心人。的确，不管做什么事情，只要我们用心去做，就一定会做出成绩的。之所以我们最后没有取得成功，是因为我们付出的努力还远远不够。世人没有哪个人是随随便便成功的，所谓成功的人也只是在找准了目标之后，努力坚持再坚持，最终才登上了胜利的巅峰。同样，如果我们想要使自己的语言变得幽默，引人注意，也要不断地用心学习，运用自己的语言天赋，把自己的幽默潜质发挥得淋漓尽致。在日常工作和生活中，说话时留意以下几点，我们的话语就会充满幽默感，别人也会更加乐意和我们沟通。

　　1. 充分运用语言的描述魔力

　　和别人交谈的过程中，向别人讲述一件事情，或者描述某个事物，要充分发挥语言的描述魔力，用幽默的语言把事情的经过，当事人的表情、动作等刻画得栩栩如生，让听的人有身临其境之感。向别人描述事物的时候，最好利用形象风趣的语言，把事物的样子、色泽、味道等进行生动的描述，这样，就算别人看不到东西，但通过我们绘声绘色地描述也已经在脑海里形成了一个大致的印象。而且，由于我们说话幽默诙谐，别人对我们讲的事情和描述的事物，才会更加感兴趣，从而我们成功的机会也会更大。

2. 用语气语调营造不同的感觉

通过变换语气、语调，营造出不同的听话感觉。在说话之前，我们不但要想好怎么说，在说的时候，还要注意我们说话的语气、语调。因为就算是同一句话，由于我们说话时的语气、语调不同，给对方的感觉也会不一样。比如，你醒了？我们用温柔的语气说，给对方的感觉是问候、关切，对方心里会觉得暖暖的；而如果我们语气强硬地说，对方则会感觉我们在责备他。可见，在说话的时候，语气、语调对我们表达的意思影响很大。用恰当的语气、语调说话，我们的意思才能得以准确的表达，听的人才不会不明就里，对我们产生误解。

3. 在说话的过程中适当停顿

这样做有两个好处：一是适当地停顿，能增强我们说话的语气；二是短暂地停顿，让我们有时间更好地思考，整理思绪，让听众更有效地聆听、理解和记住我们所说的话。比如，前面说的卖关子，就是一个很好的例子。在对方最想听到下文的时候，故意不说，表现出很神秘的样子，目的其实就是更加引起别人的注意，让别人关注我们说的话。总之，在说话过程中，只要拿捏好停顿点，也一样可以达到幽默的效果。

没有变化的语言，就像波澜不惊的海面，会让人觉得死气沉沉。说话语气、语调平淡，让别人觉得我们说话呆板没有生气，下意识里别人就会产生不愿意多听我们说话的念头。这样，我们即使说得很有道理，但别人可能一句也没听进去。所以，在我们平时和别人交流的过程中，要注意利用声音的高低、语气语调的快慢来丰富自己的语言，根据需要的场景，改变说话的语气、语调，同时结合形象的语言和适当的停顿，来达到说话幽默的目的。

用幽默打开尴尬局面

用幽默的话跟别人搭讪。利用诙谐搞笑的言语，拉近与对方的距离，有效缓解尴尬的说话气氛，这样，别人就不会不好意思跟我们说话，同时还会认为我们性格开朗，很有亲和力，好相处。

许多年轻人可能认为没话说的时候，最好不要硬找话说，不然把自己弄得很难受，对方听了也会觉得不舒服。其实不然，在交往的过程中，往往谁先开口，谁就掌握了说话的主动权。当然，有时由于各种因素的制约，我们可能也会有一时找不到合适的话题的情况。这时候，千万不能冷场，要千方百计打开尴尬的局面。试着跟对方开个善意的玩笑，或者自嘲一番，或者给对方讲个小笑话，用比较幽默的方式来个漂亮的开场白，激起对方说话的欲望。

1. 跟对方开个善意的玩笑

在交往的过程中，相信谁都不愿意看到这种情况发生。在某个特殊的场合，我们无意中和一个陌生人坐到了一起，因为互相不认识，所以，谁都不愿意先开口跟对方说话，或者想跟对方打招呼，却不知道该怎样开口。尤其是性格比较内向的年轻人，在陌生人面前，由于害羞紧张，更显得手足无措。如果遇到这种情况，我们完全可以先跟对方开个善意的玩笑，试探一下对方的反应。其实，可以反过来想，也许我们担忧的正是对方所担心的，说不定对方正等着我们先开口呢。

2. 把自己当靶子自嘲一番

如果觉得跟对方开玩笑有些不合适，或者不好意思，那么，就试着自嘲一番吧。这种方法是最安全的，只要自己不生气，没有人会生气。通常情况下，我们如果先自嘲一番，倒是别人会觉得不好意思起来。

比如，跟陌生人坐在一起，一时找不到合适的话题，但又不能不说话，这个时候，我们可以先自嘲一番："我这个人光长个子不长胆子，见了陌生人就像老鼠见了猫，你看都紧张得差点说不出话来了。"相信对方听了我们的话，不但不会笑我们，还会觉得我们很有意思，这样自然而然就跟对方搭上话了。

3. 给对方讲一些有趣的事

联系所处的场景，给对方讲一些逸闻趣事，或者讲几则自己学到的小笑话，缓解对方的紧张，同时，通过讲述，让对方先对我们有一些初步的了解。这样，接下来双方再沟通就不会觉得没话说。在讲轶闻趣事的时候，要注意说话的语气、语调，既要把故事讲得生动有趣，又不能让对方觉得我们在有意卖弄，达到效果就可以了，不要一味地讲下去，否则会引起对方更大的反感。要记住，我们讲故事的目的只是引出话题。

年轻人由于刚进入社会，可能觉得跟对方开玩笑，或者给对方讲故事有些困难，其实，只要我们对自己非常自信，那么，即使对方听了完全没有反应也无所谓，自信的人是不会跟一个无礼的人计较的。正好，我们还可以自嘲一番，说自己讲故事的水平还有待提高啊，别人听了就像没听见一样，一点反应都没有。这样说既解除了自己的难堪，也巧妙地讽刺了别人。

幽默着说，才会引出别人的话

说话有趣一些。通过风趣幽默的语言，让别人觉得我们说话很有意思，很好笑，使别人听完我们的话，心情愉快的同时，从内心生出一种想要跟我们交谈的欲望。

有意思地说话，其实也是向别人表明我们的态度，只有乐观向上、热爱生活、不计得失的人，说起话来才不会介意别人的态度，才能放得开。如果我们在幽默的时候，瞻前顾后，怕别人笑话，那么即使说出来，也肯定是失了味的幽默。所以，在说话的时候，既要充分发挥自己的语言天分，合理安排好说话的语气、语调，做到语不惊人死不休，又要自信一些，说话的时候真正放得开，像一个真正的智者那样，不在意别人的眼光。日常工作和生活中，我们往往可能要这样说，才会引出别人的话。

1. 说话搞笑一些

适当地跟对方说几句俏皮话，或者开个无伤大雅的玩笑，一般情况下，对方都会主动跟我们说话的。因为我们在开玩笑的过程中，就像是给对方发出一个邀约，告诉对方：我们很有亲和力，很好说话，我们很快乐，跟我们相处很愉快……相信没有哪个人会拒绝别人善意的邀请。例如，我们刚到一家公司，在做自我介绍的时候，就可以适当地搞笑一下，拿自己的相貌或者名字开个玩笑，这样既可以缓解我们紧张的情绪，又可以引起别人的注意，让别人很快记住我们。

2．说话含蓄一些

把话说得委婉含蓄，耐人寻味一些，这样别人同样会认为我们说话有意思，是个有思想的人，愿意跟我们交流。充分利用言外之意弦外之音，既很好地表达出我们的本意，又让别人觉得意味深长。

比如，我们说走路回家，不直接说"走路、步行"，而是说"坐 11 路回家"。说某个人长相难看，不直接说"长得丑"，而是说那个人"长得很有创意"。在生活中，诸如此类的例子还有很多，目的其实都是把话说得有意思一些，让别人爱听。

3．说话幽默一些

适当地打个比方，或者在说事情的时候拟人、拟物，夸大事情的结果等，通过一系列幽默的手法，使我们说出的话幽默诙谐，让别人觉得我们出言不俗、与众不同，进而引起别人和我们沟通的兴趣。

其实，这就像我们平常买菜、买衣服，虽然两家店卖的东西是一样的，价钱也差不多，但我们就是喜欢到那家服务态度好的店里去买，即使贵一些也无所谓，最起码心情好。在交往过程中，说白了也是这样的，人们都喜欢和能让自己心情愉悦放松的人交往，谁说话有意思，让别人能产生沟通的念头，谁就可能成为最后的赢家。

当然，这里同样存在一个问题，那就是无论是搞笑、含蓄，还是幽默，一定要分清楚场合，同时还要分清楚对象。要明白哪些场合可以说，哪些场合坚决不能说；跟哪些人能随便说，跟哪些人则要慎重说。免得出现好心办坏事、吃力不讨好的结果，让别人认为我们不懂人情世故，说话不知深浅轻重，没有分寸，不成熟，这样我们岂不是跳到黄河也洗不清了。所以，在条件合适的时候，说有意思的话，会使别人对我们产生好感，进而更愿意跟我们沟通。